四川省文物考古研究院
国家文物局水下文化遗产保护中心
眉山市彭山区文物保护管理所

编 著

◇

江口沉寶

四川彭山江口明末战场遗址
出水文物选粹

文物出版社

图书在版编目（CIP）数据

江口沉宝：四川彭山江口明末战场遗址出水文物选粹 /
四川省文物考古研究院, 国家文物局水下文化遗产保护中
心, 眉山市彭山区文物保护管理所编著. -- 北京：文物
出版社, 2018.6
ISBN 978-7-5010-5573-9

Ⅰ.①江… Ⅱ.①四… ②国… ③眉… Ⅲ.①文物—
介绍—眉山—明代 Ⅳ.①K872.713

中国版本图书馆CIP数据核字(2018)第080211号

江口沉寶

四川彭山江口明末战场遗址
出水文物选粹

四川省文物考古研究院
编　著　国家文物局水下文化遗产保护中心
眉山市彭山区文物保护管理所

责任编辑　李缙云　刘永海
装帧设计　雅昌设计中心
责任印制　张道奇
出版发行　文物出版社
地　　址　北京市东直门内北小街2号楼
邮　　编　100007
网　　址　www.wenwu.com
邮　　箱　web@wenwu.com
经　　销　新华书店
印　　刷　北京雅昌艺术印刷有限公司
开　　本　889×1194毫米　1/16
印　　张　16.25
版　　次　2018年6月第1版
印　　次　2018年6月第1次印刷
书　　号　ISBN 978-7-5010-5573-9
定　　价　380.00元

编辑委员会

◈

◈

目　录

前 言

〜〜〜〜

　　四川彭山江口明末战场遗址位于四川省眉山市彭山区江口镇的岷江河道内，2010 年被眉山市人民政府公布为第三批市级文物保护单位，遗址保护范围及建设控制地带为东西各至河堤，南至岷江大桥，北至府河、南河交汇处，面积约 100 万平方米。清代以来的文献中多记载南明将领杨展曾在此伏击了大西军领袖张献忠的船队。

　　2005 年以来彭山区江口镇岷江河道内陆续发现了大量文物，这些文物包括铭刻年号的金册、装于木鞘中的银锭、"西王赏功"币以及大量的银质饰品、碎银等。2015 年 12 月，在彭山召开了"江口沉银遗址保护和考古研讨会"，经专家论证，遗址极有可能为文献中记载的张献忠船队被南明将领杨展攻击的地点。

　　江口明末战场遗址位于岷江水下，保护难度极大，面临盗掘风险。2013 年以来，盗掘情况便多次出现。经过警方一年多的侦查，抓获了一批犯罪分子，追回了多件珍贵文物。为使遗址免遭更为严重的盗掘与破坏，充分了解遗址的分布范围及水下文物的保存状况，同时也为制定保护规划提供科学依据，四川省文物考古研究院联合国家文物局水下文化遗产保护中心及彭山区文物保护管理所，制定了水下考古工作方案。2016 年 4 月，国家文物局批准同意了对江口明末战场遗址进行考古发掘。

　　在国家文物局、四川省委宣传部、四川省文化厅、四川省文物局等上级单位的关心和指导下，2017 年 1 月 5 日，水下考古发掘工作正式启动。截至 2017 年 4 月 12 日，2017 年度野外考古发掘工作正式结束，共发掘 10000 余平方米，出水各类文物 30000 余件。这次发掘出水的文物种类以金、银、铜、铁等金属材质的器物为主，包括张献忠大西国分封妃嫔的金册、西王赏功金币、银币、

大顺通宝铜币，铭刻大西国国号的银锭等，有属于明代藩王府的金银册、金银印章，还有戒指、耳环、发簪等各类金银首饰，铁刀、铁剑、铁矛、铁箭镞等兵器，另还有瓷碟、瓷碗、铜锁、钥匙、秤砣、顶针等生活用具，种类丰富。从年代上看，从明代中期至明代晚期；从地域上看，这些文物记录的地域北至河南，南至两广，西到四川，东到江西，范围含括了明代的大半个中国；从等级上看，不仅有普通平民的生活生产器物，更有张献忠册封妃嫔的金册，明代册封藩王的金银册等，呈现出明代中晚期社会生活的样貌。

　　本次发掘有着非常重要的意义。首先肯定地回答了学术界和社会长期关注的江口遗址是不是张献忠沉银地点的问题，可以确认该遗址即为张献忠与杨展江口之战的战场遗址；同时遗址的确认和丰富文物的出水，必将大大推动明清历史文化的研究。江口遗址的发掘为我们解决诸多有关张献忠的历史传说提供了实物佐证，为张献忠农民军的征战历史、政权建设、经济建设等方面的研究提供丰富的原始资料，同时对认识明代中晚期的社会经济状况、物质文化形态，乃至明末清初以来的社会历史走向等都具有重要的意义。

　　本次考古发掘引发了国内外民众的广泛关注。目前，出水文物的整理和研究工作正在进行，为了尽早让公众分享这次考古发掘的成果，推动学界对遗址及其背后历史问题的研究，我们选取刊印了 2017 年发掘出水的以及彭山区文物保护管理所收藏的文物图片 200 余幅，这些文物涵盖了出水文物的绝大多数类型，同时也是各类文物中具有代表性的器物。

　　我们也将抓紧文物的整理、保护和研究工作，力争考古工作的最终成果早日面世。

第一章

金银册

金册

大西

长 21.1、宽 8.6、厚 0.33 厘米

重 755 克

思媚用册为修容朕德次媚
媚匪由爱授金羽和集内教
以光钦哉

金册

明代

长 24.2、宽 9.25、厚 0.55 厘米

重 1470 克

维嘉靖二十三年岁次甲辰
十二月乙丑朔三十六日庚
寅

皇帝制曰朕惟
太祖高皇帝之制封建诸王以隆
藩屏必择贤女以为之配策

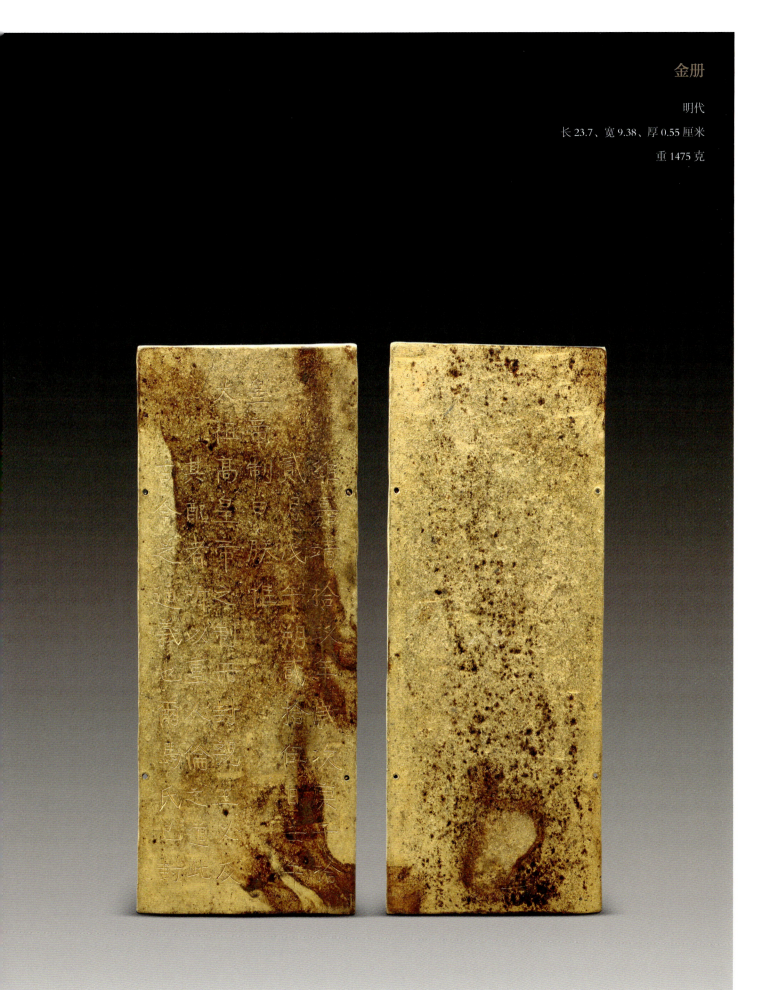

金册

明代

长 23.7、宽 9.38、厚 0.55 厘米

重 1475 克

金册

明代

残长 3.61、宽 10.54、厚 0.54 厘米

重 223 克

金册

明代

残长 12.11、宽 10.06、厚 0.49 厘米

重 730 克

金册

明代

长 24.4、宽 10.1、厚 0.61 厘米

重 1415 克

維萬曆二十六年歲次戊戌
四月乙卯朔越二十八日壬
午
皇
帝制曰天子之眾子必封為
我子孫世世相傳藩屏帝室此

金册

明代

长 24、宽 10、厚 0.65 厘米

重 1480 克

金册

明代

长 23.5、宽 10、厚 0.64 厘米

重 1440 克

金册

明代

长 24.5、宽 10.2、厚 0.55 厘米

重 1440 克

維

大明崇禎七年歲次甲戌四月

皇帝　制丙辰朔二十七日壬午

　　　制曰天子之柔子必封

室　王子孫世世相傳俾藩屏

此我　　　　　　　　　　屏

银册

明代

残长 10.91、宽 8.9、厚 0.62 厘米

重 470 克

银册

明代

长 21.2、宽 8.65、厚 0.5 厘米

重 895 克

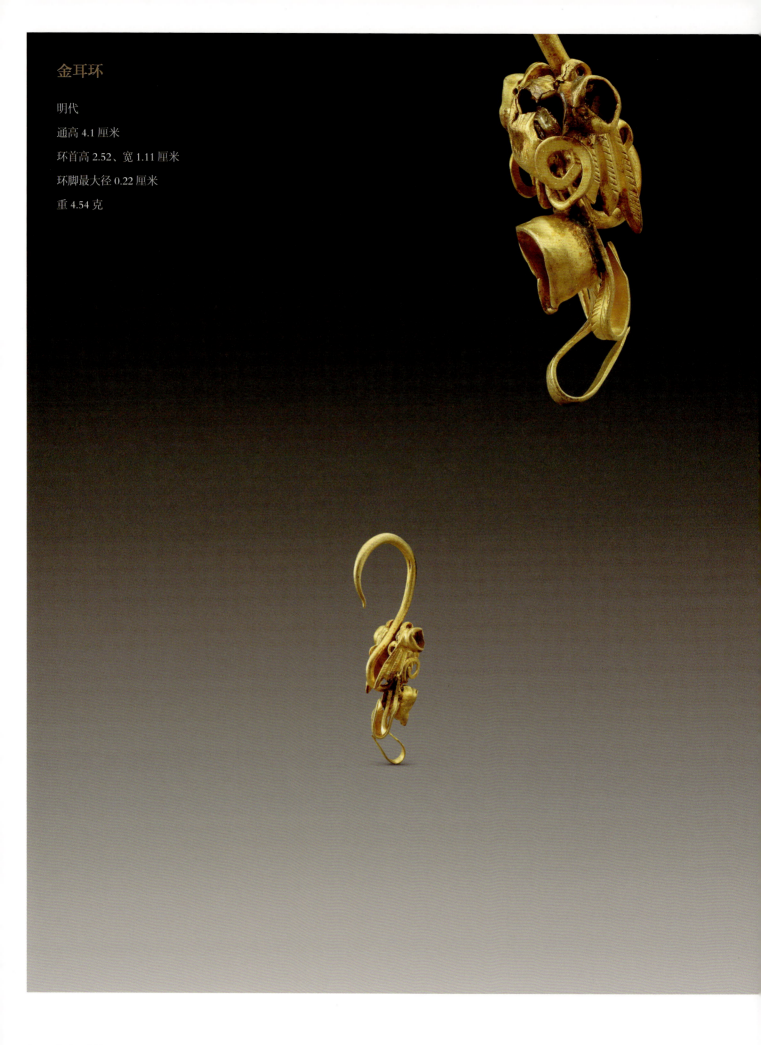

金耳环

明代

通高 4.1 厘米

环首高 2.52、宽 1.11 厘米

环脚最大径 0.22 厘米

重 4.54 克

金耳环

明代

通高 4.6 厘米

环首高 2.75、宽 1.07 厘米

环脚最大径 0.23 厘米

重 5.18 克

金耳环

明代

通高 3.5 厘米

环首高 1.34、宽 0.96 厘米

环脚最大径 0.22 厘米

重 3.09 克

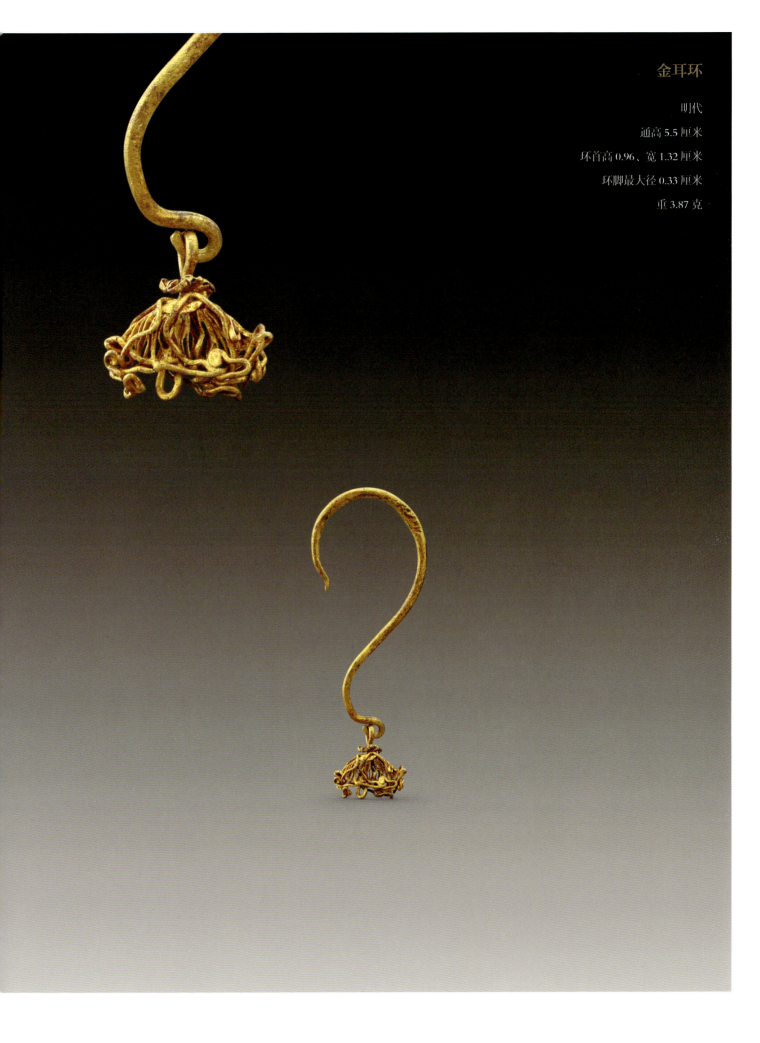

金耳环

明代

通高 3.3 厘米

环首高 1.46、宽 0.46 厘米

环脚最大径 0.15 厘米

重 1.33 克

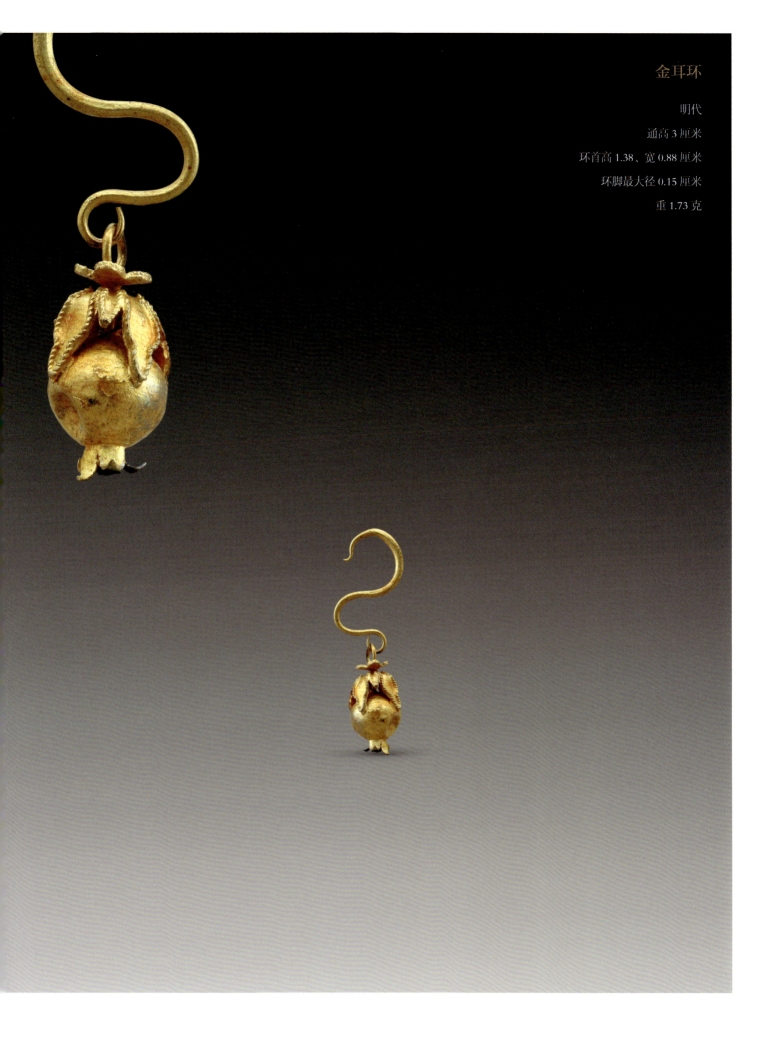

金耳环

明代

通高 3 厘米

环首高 1.38、宽 0.88 厘米

环脚最大径 0.15 厘米

重 1.73 克

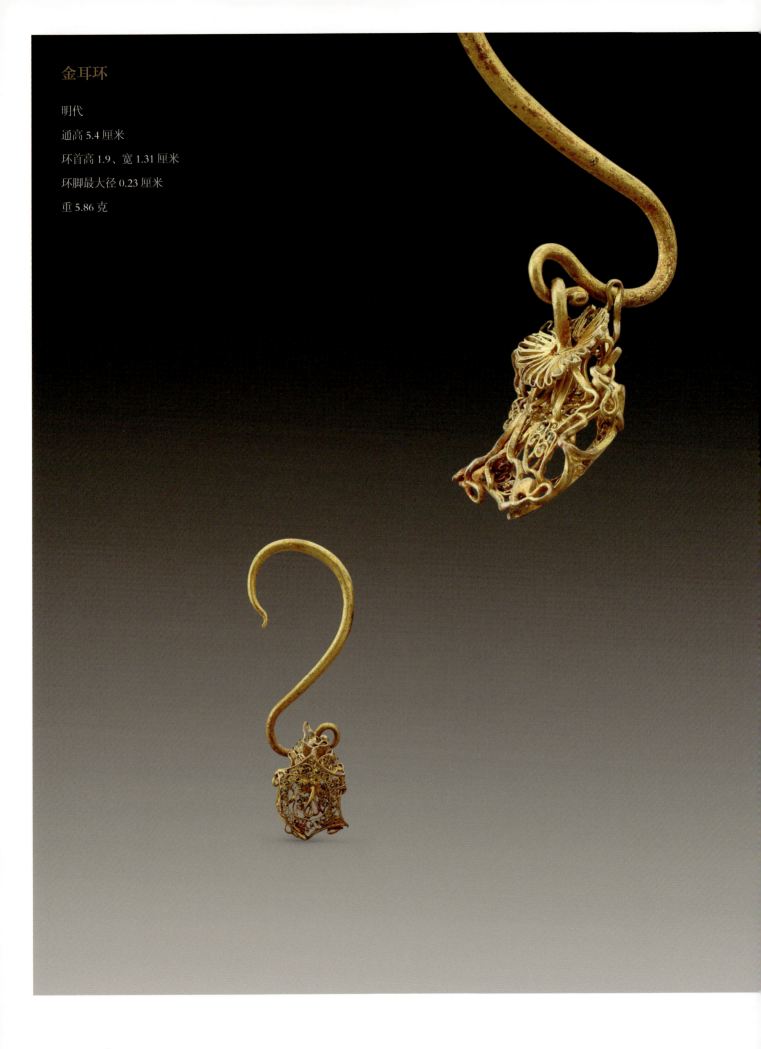

金耳环

明代

通高 5.4 厘米

环首高 1.9、宽 1.31 厘米

环脚最大径 0.23 厘米

重 5.86 克

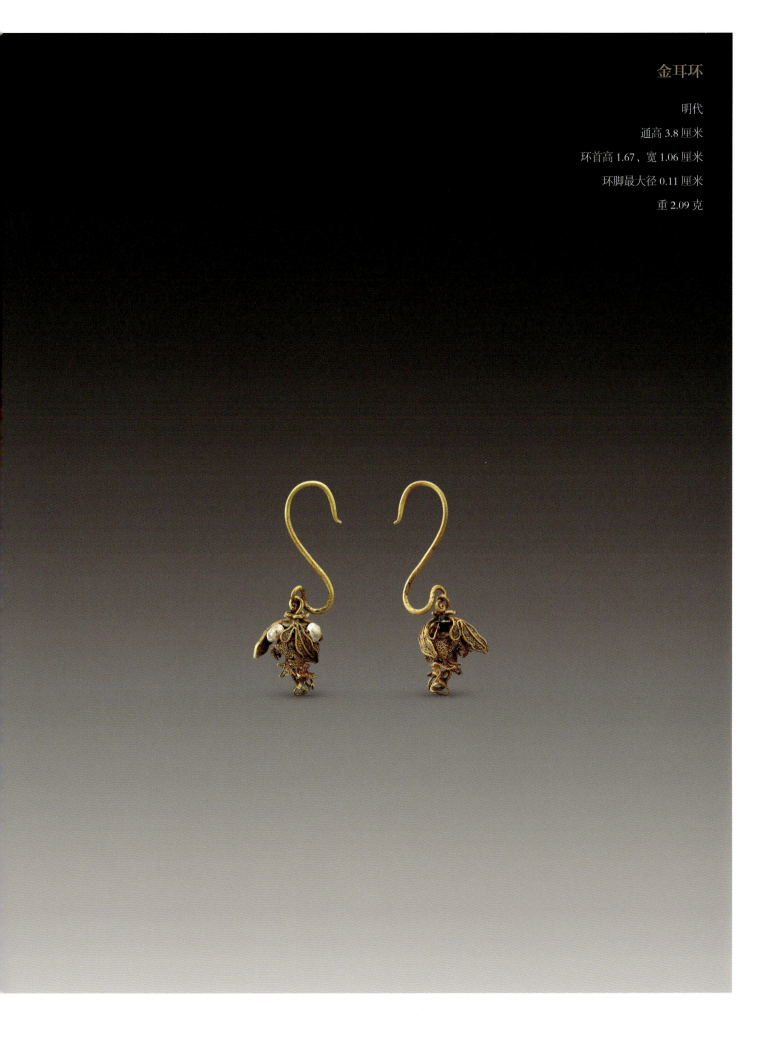

金耳环

明代

通高 3.8 厘米

环首高 1.67、宽 1.06 厘米

环脚最大径 0.11 厘米

重 2.09 克

金耳环

明代

通高 3 厘米

环首高 1.69、宽 0.81 厘米

环脚最大径 0.17 厘米

重 2.9 克

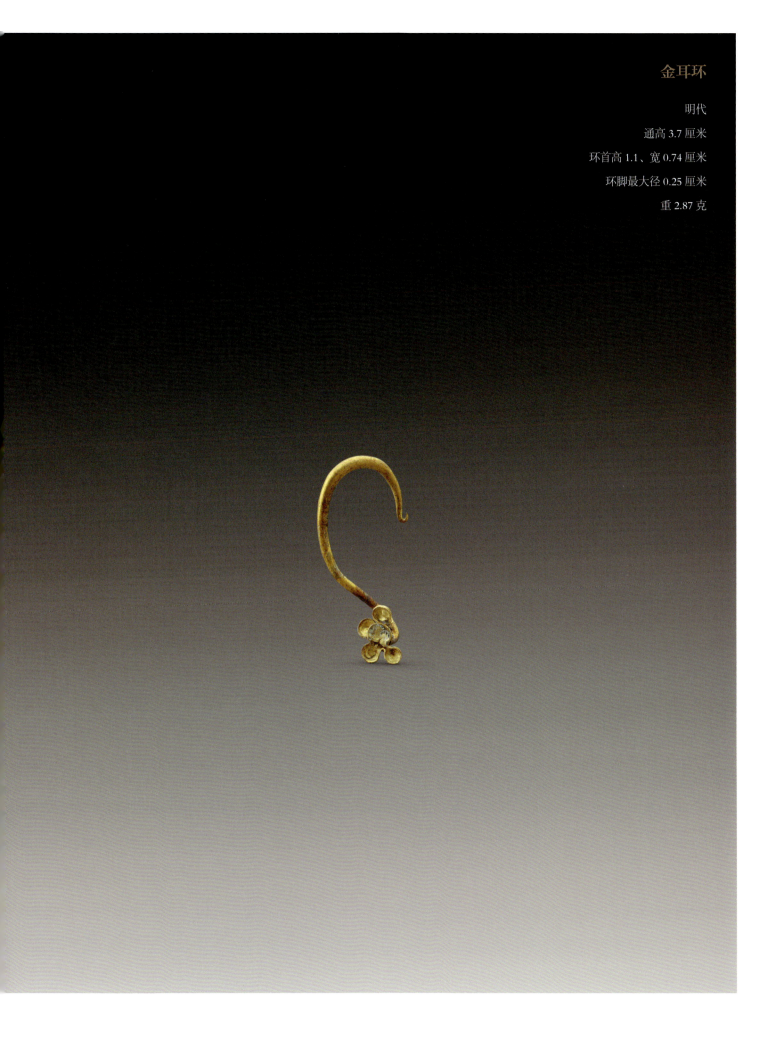

金耳环

明代

通高 3.7 厘米

环首高 1.1、宽 0.74 厘米

环脚最大径 0.25 厘米

重 2.87 克

金耳环

明代

通高 4.5 厘米

环首高 1.3、宽 0.87 厘米

环脚最大径 0.13 厘米

重 2.44 克

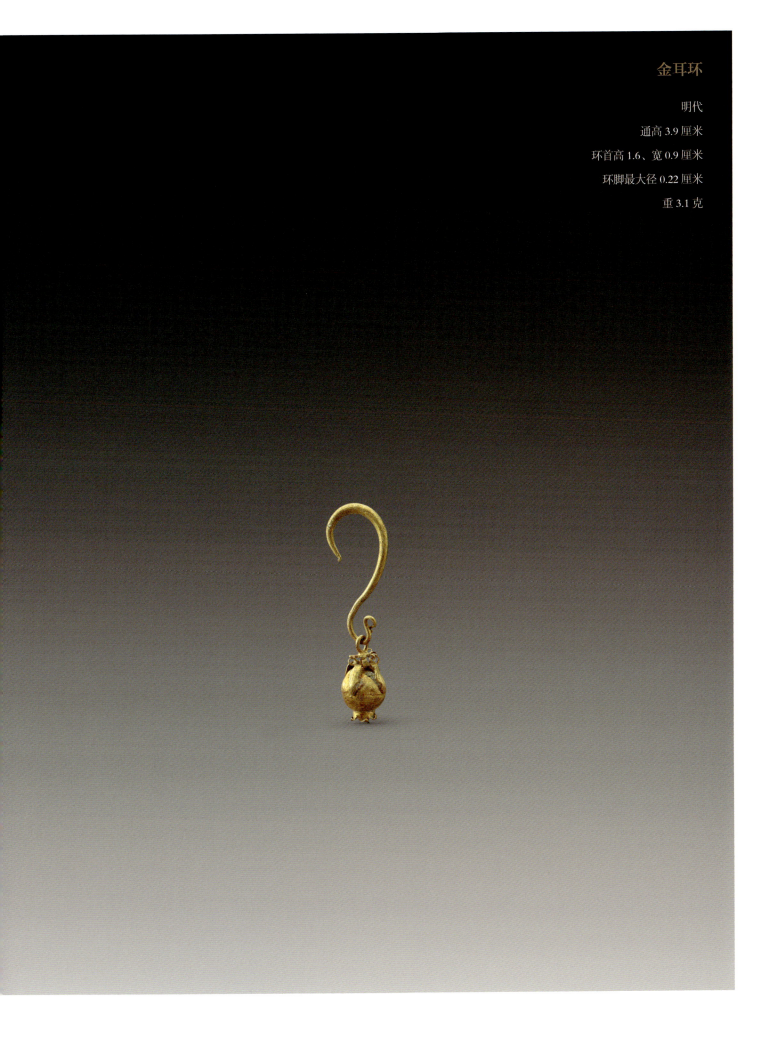

金耳环

明代

通高 3.9 厘米

环首高 1.6、宽 0.9 厘米

环脚最大径 0.22 厘米

重 3.1 克

金耳环

明代

左：通高 2.4 厘米

　　环首高 1、宽 0.5 厘米

　　环脚最大径 0.14 厘米

　　重 3.05 克

右：通高 2.28 厘米

　　环首高 1.12、宽 0.53 厘米

　　环脚最大径 0.14 厘米

　　重 3.1 克

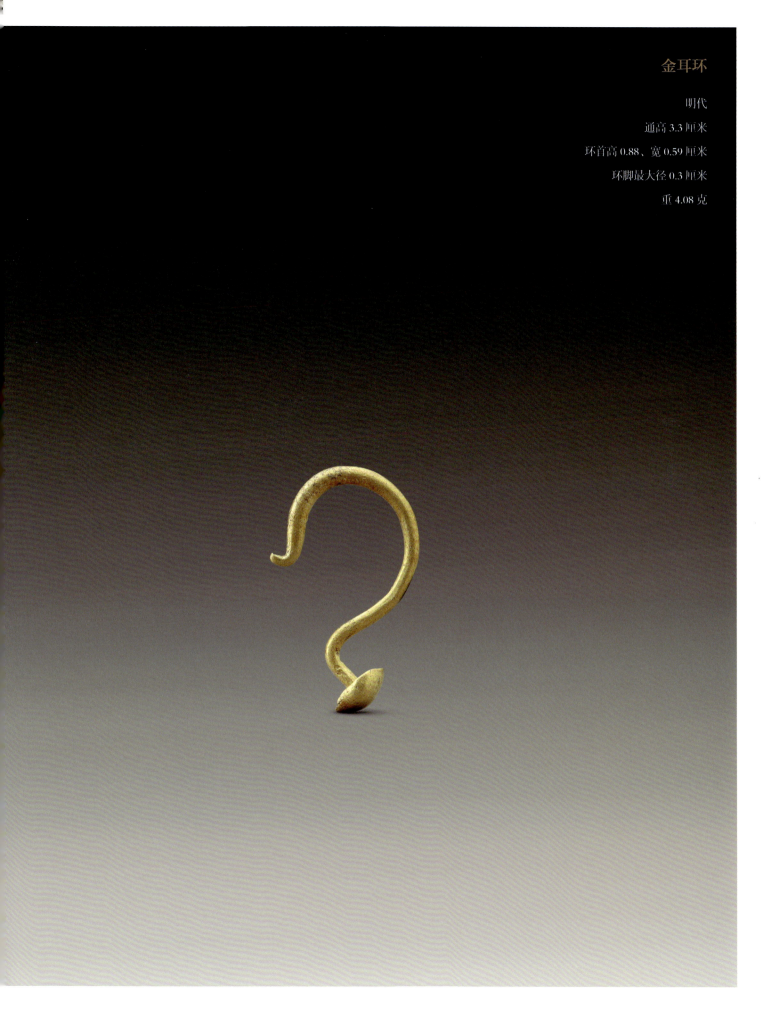

明代

通高 3.3 厘米

环首高 0.88、宽 0.59 厘米

环脚最大径 0.3 厘米

重 4.08 克

银耳环

明代

通高 3.86 厘米

环首高 1.94、宽 1.47 厘米

环脚最大径 0.11 厘米

重 1.33 克

银耳环

明代

通高 3.4 厘米

环首高 1.96、宽 1.4 厘米

环脚最大径 0.11 厘米

重 1.37 克

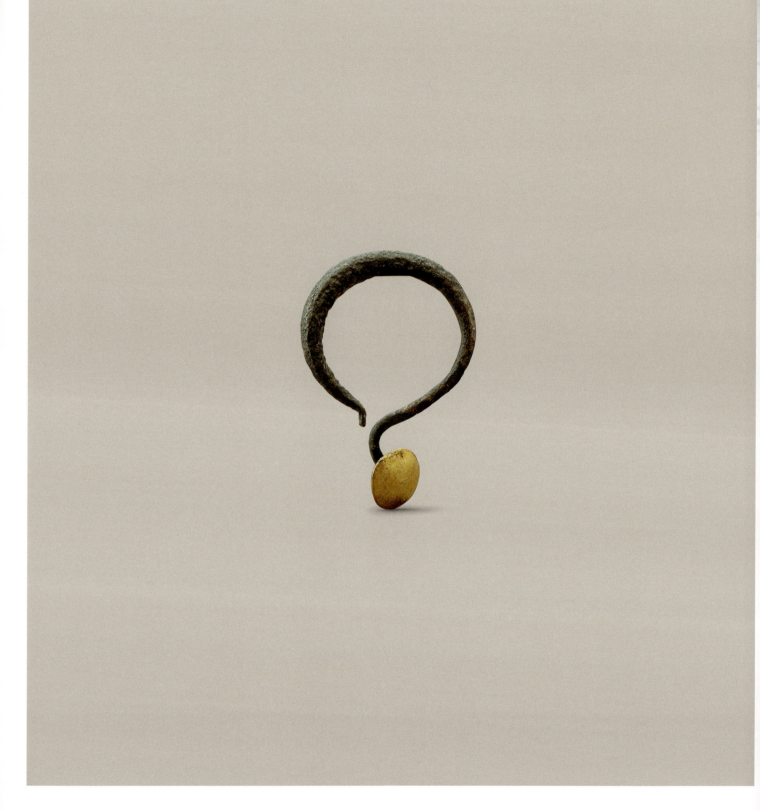

银耳环

明代

通高 3.43 厘米

环首直径 0.82 厘米

环脚最大径 0.35 厘米

重 4.44 克

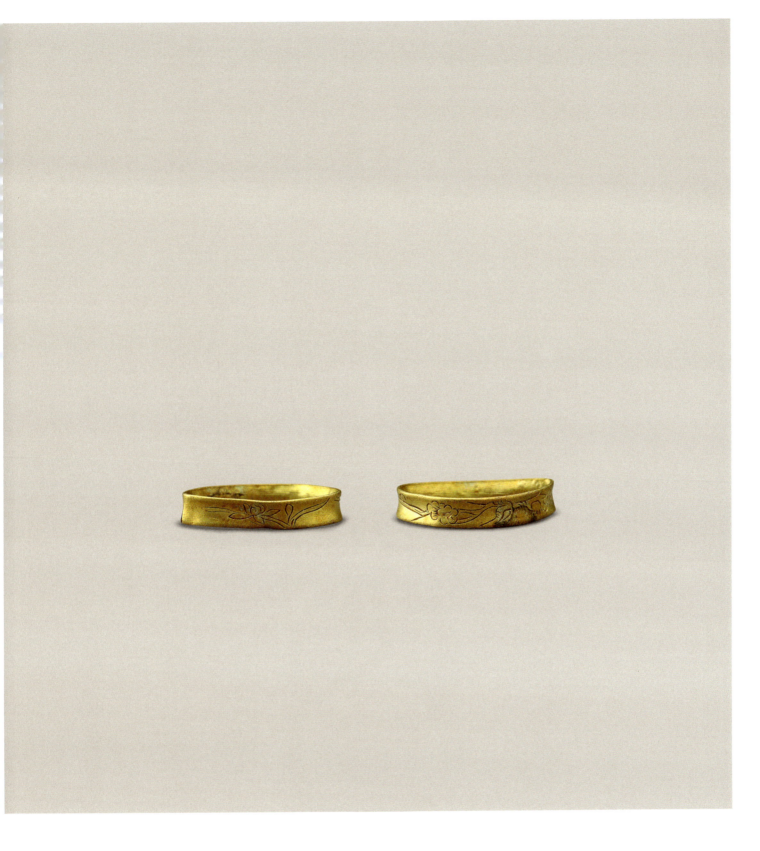

金戒

明代

戒环最大径 2.2 厘米

戒环宽 0.41 厘米

重 1.93 克

金戒

明代

戒环最大径 1.61 厘米

戒面长 1.54、宽 0.61 厘米

重 2.9 克

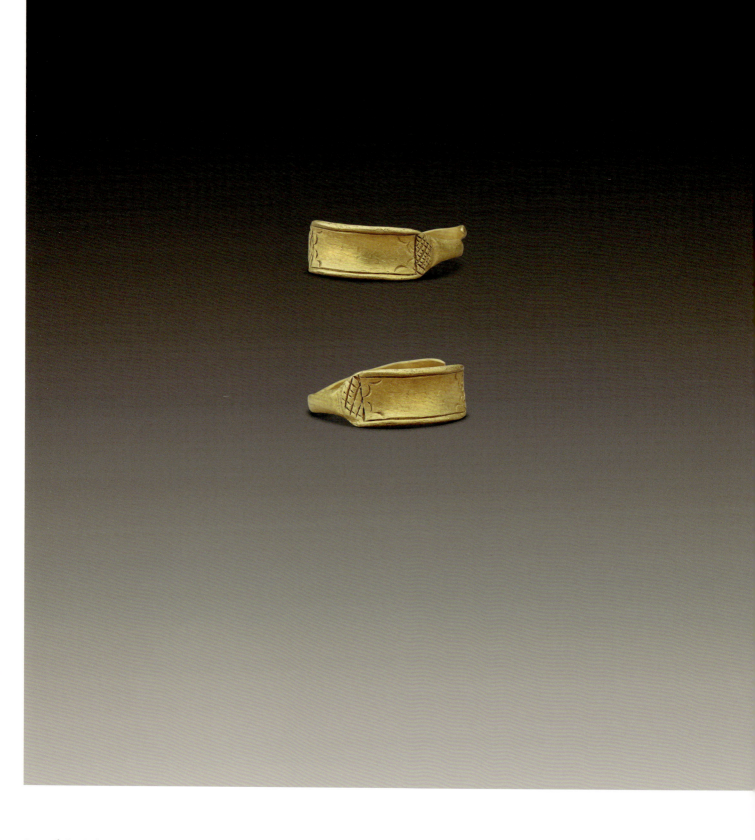

金戒

明代

戒环最大径 1.91 厘米

戒面长 1.7、宽 0.73 厘米

重 2.15 克

金戒

明代

通长 7.23 厘米

重 12.46 克

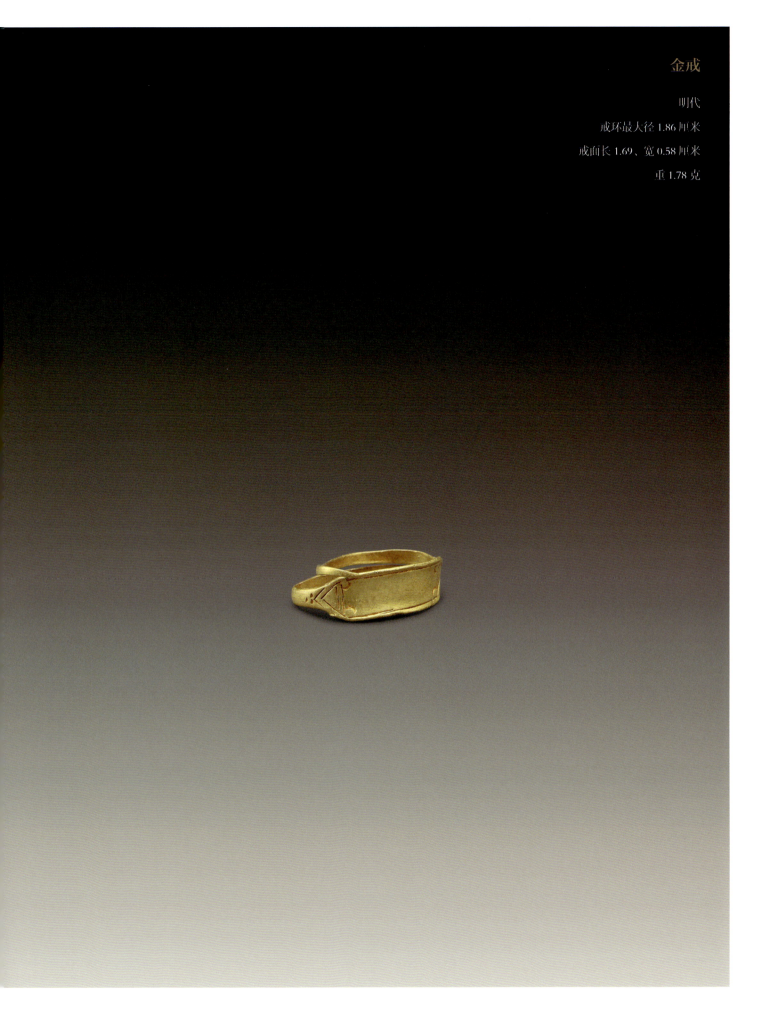

金戒

明代

戒环最大径 1.86 厘米

戒面长 1.69、宽 0.58 厘米

重 1.78 克

金戒

明代

戒环最大径 1.87 厘米

戒面长 1.75、宽 1.16 厘米

重 4.16 克

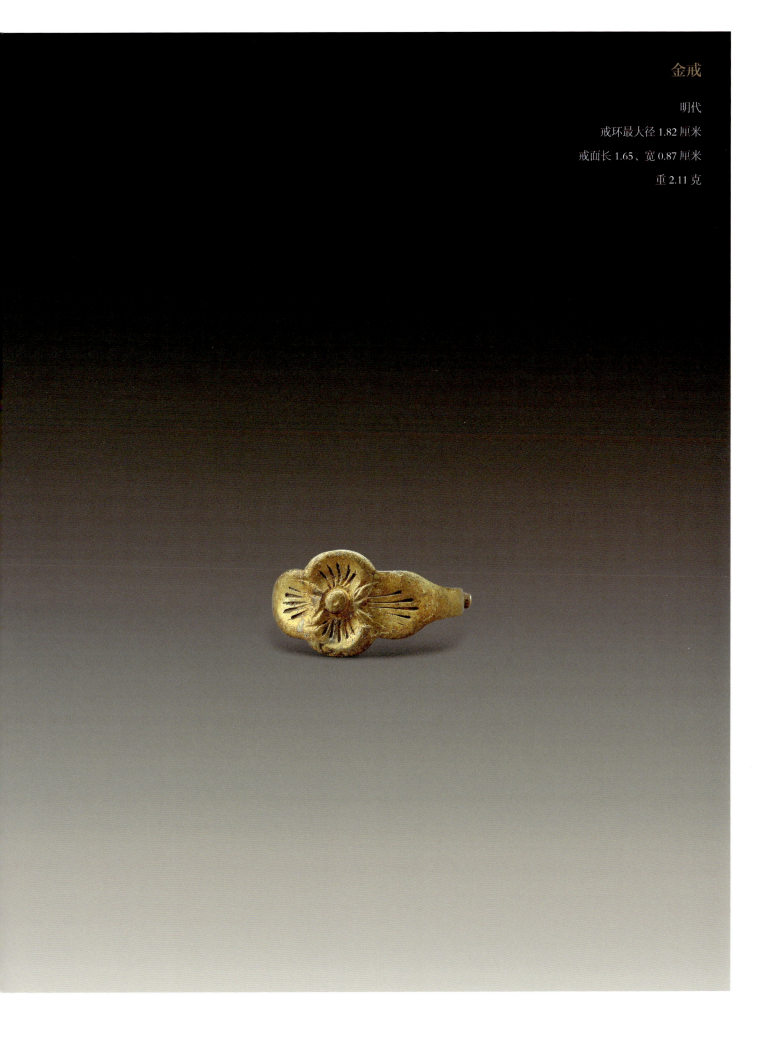

金戒

明代

戒环最大径 1.76 厘米

戒面长 1.11、宽 0.68 厘米

重 1.56 克

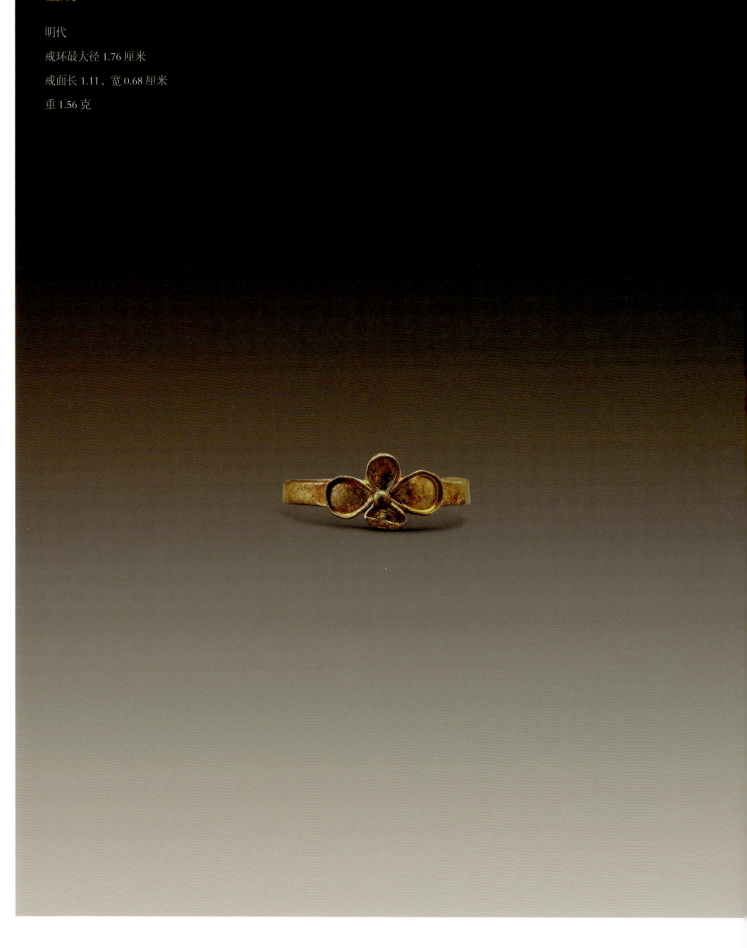

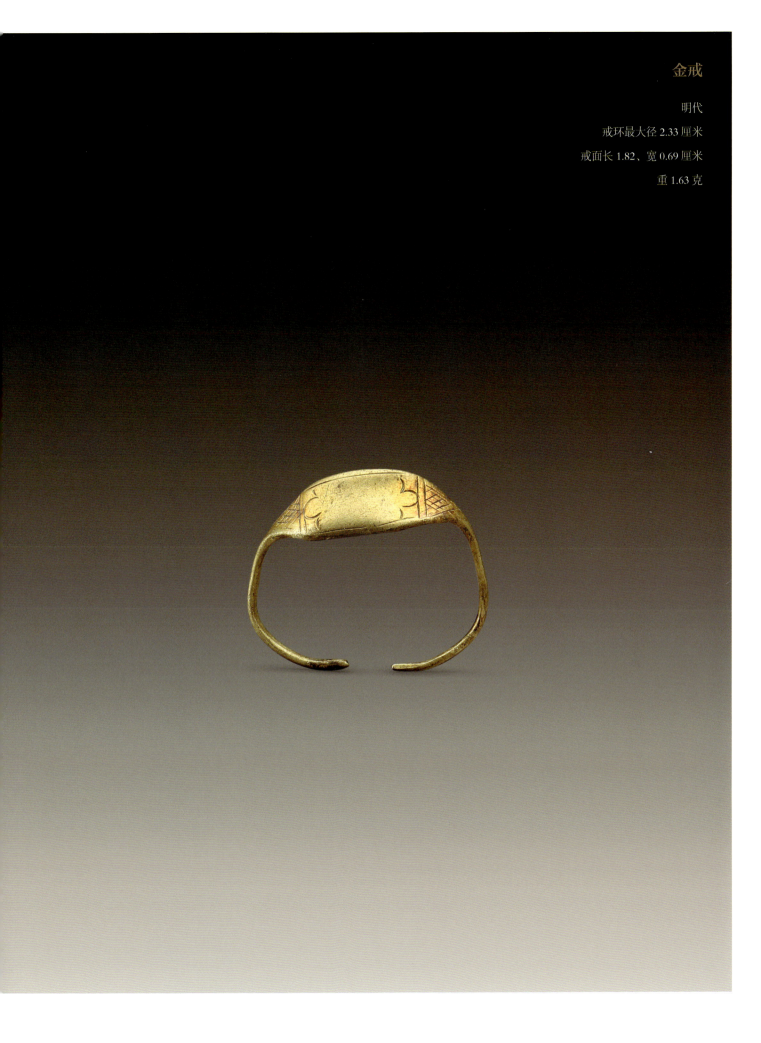

金戒

明代

戒环最大径 2.33 厘米

戒面长 1.82、宽 0.69 厘米

重 1.63 克

金戒

明代

通长 6.11 厘米

重 18.14 克

明代

戒环最大径 2.25 厘米

戒面长 2.2、宽 1.68 厘米

重 7.13 克

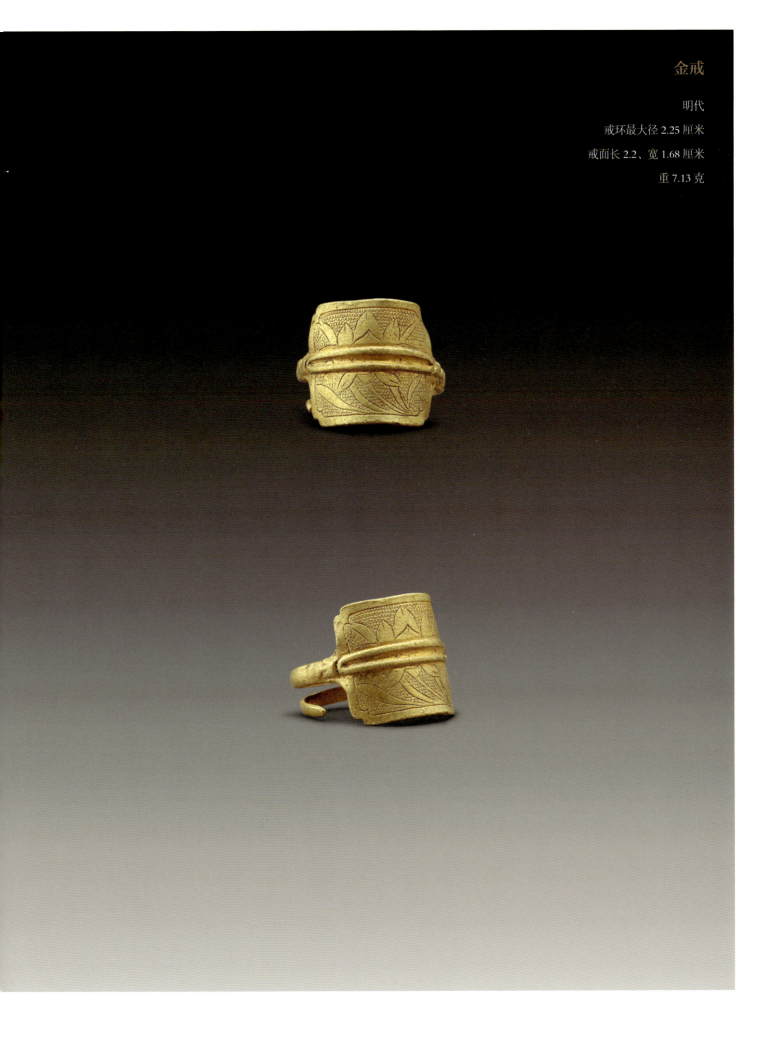

金戒

明代

戒环最大径 2.16 厘米

戒面长 1.38、宽 1.06 厘米

重 2.25 克

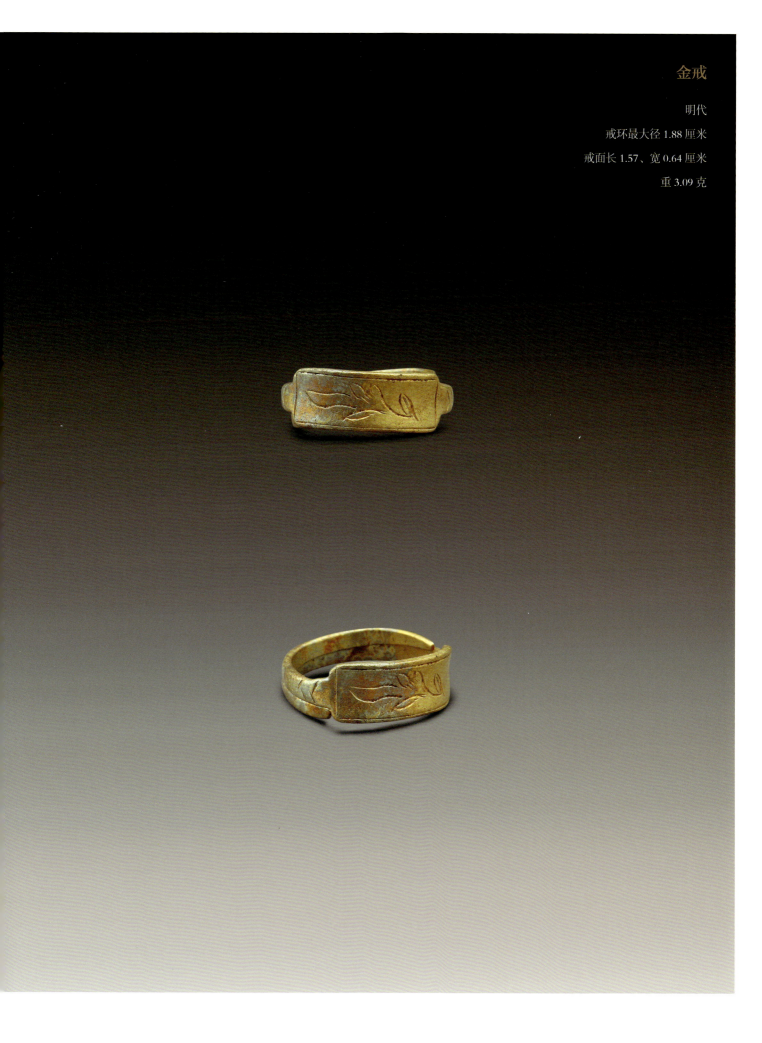

金戒

明代

戒环最大径 2.08 厘米

戒面长 1.5、宽 0.72 厘米

重 2.17 克

金戒

金戒

明代

戒环最大径 1.96 厘米

戒面长 1.46、宽 0.72 厘米

重 3.62 克

银戒

明代

通长 6.68 厘米

重 12.37 克

银戒

明代

戒环最大径 1.74 厘米

戒面长 1.54、宽 1.45 厘米

重 4.84 克

银戒

明代

戒环最大径 2.93 厘米

重 13.85 克

银戒

明代

通长 6.25 厘米

重 17.8 克

金簪

明代

残长 5.29 厘米

簪首高 1.45 厘米

簪脚最大径 0.48 厘米

重 21.84 克

金簪

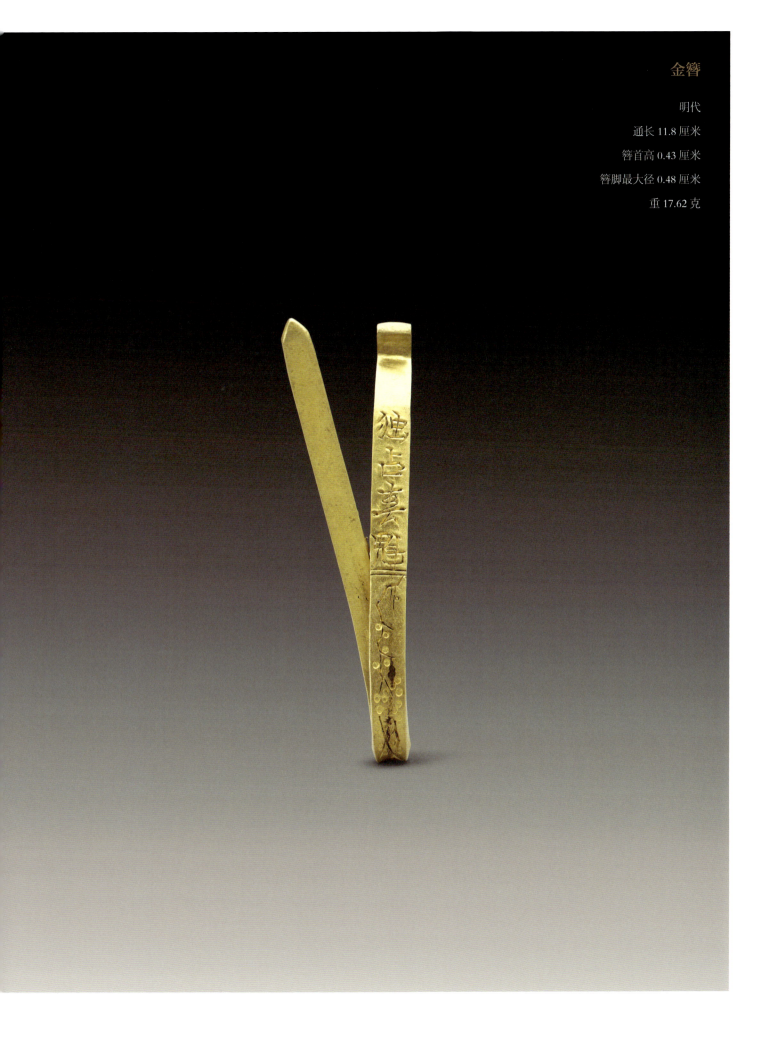

金簪

明代

通长 11.8 厘米

簪首高 0.43 厘米

簪脚最大径 0.48 厘米

重 17.62 克

金簪

明代

通长 9.72 厘米

簪首高 1.91 厘米

簪脚最大径 0.73 厘米

重 23.76 克

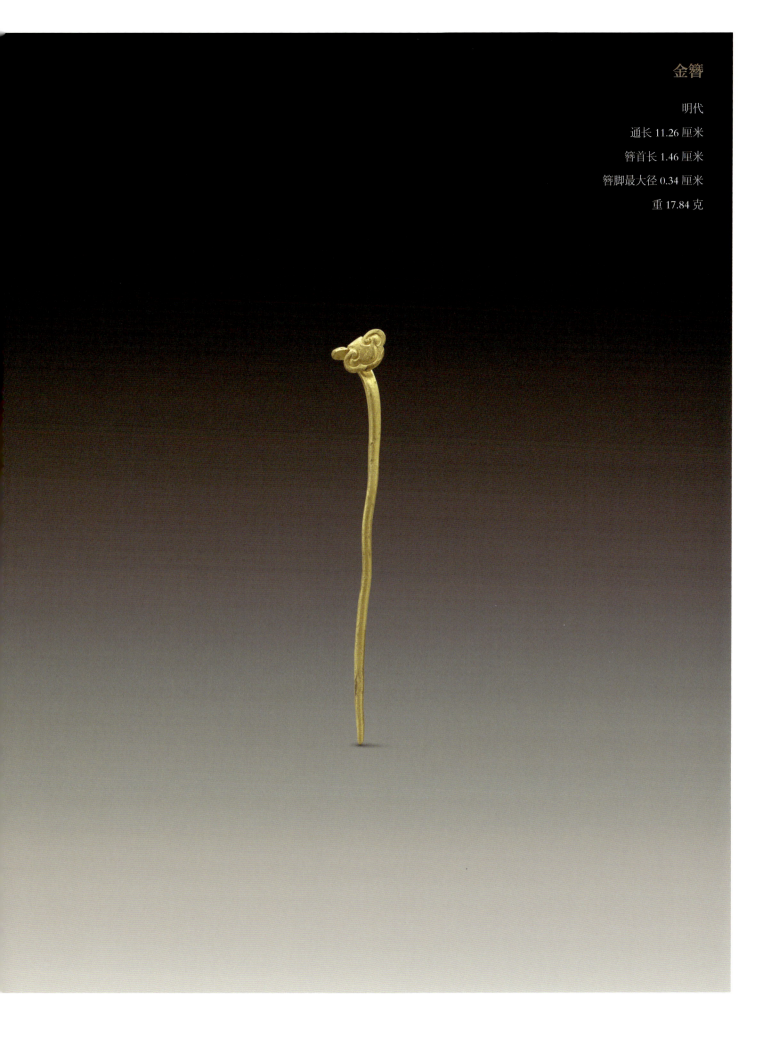

金簪

明代

通长 11.26 厘米

簪首长 1.46 厘米

簪脚最大径 0.34 厘米

重 17.84 克

金簪

明代

通长 12.01 厘米

簪首径 1.23 厘米

簪脚最大径 0.67 厘米

重 77.26 克

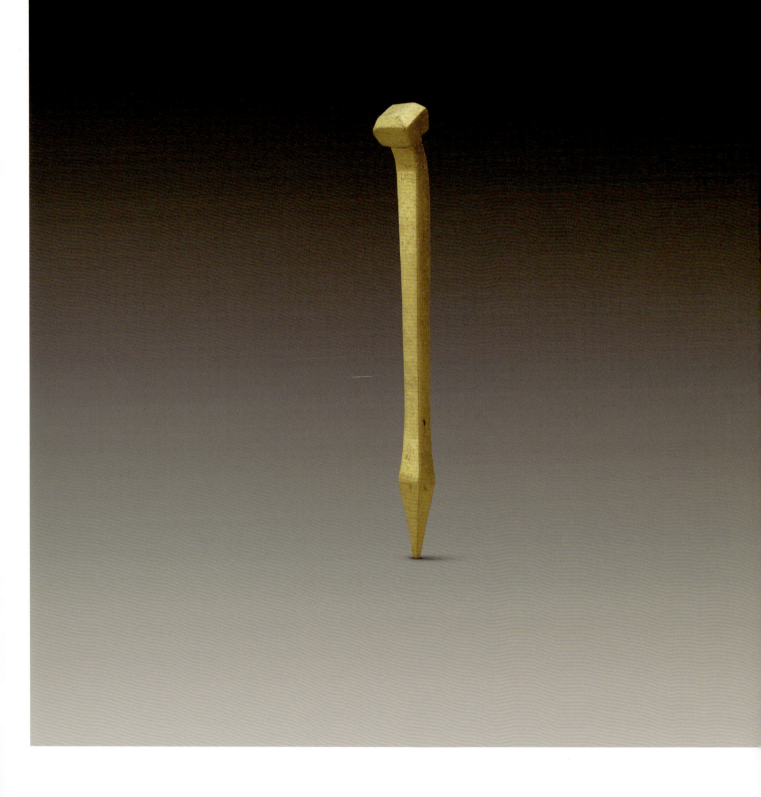

金簪

明代

通长 14.19 厘米

簪首高 2.15 厘米

簪脚最大径 0.42 厘米

重 15.18 克

金簪

明代

长 2.2、宽 2.7、厚 0.7 厘米

重 8.43 克

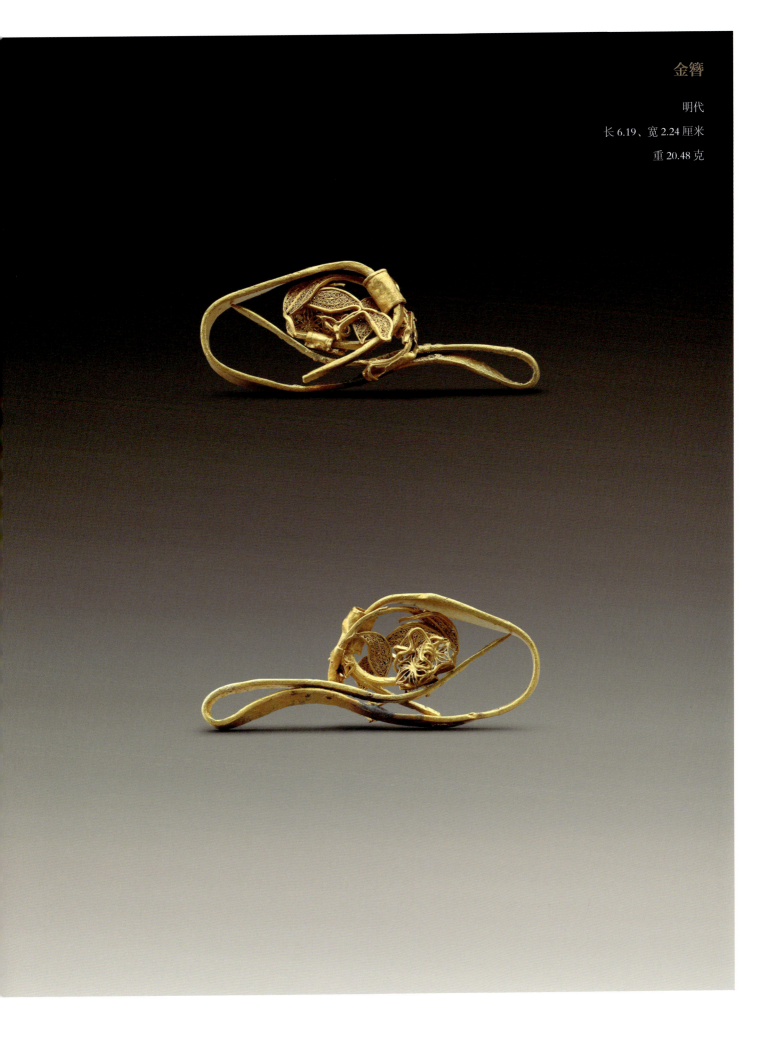

金簪

明代

长 6.19、宽 2.24 厘米

重 20.48 克

金簪

明代

通长 10.6 厘米

簪首高 4.25、宽 1.84 厘米

簪脚最大径 0.54 厘米

重 8.77 克

银簪

明代

通长 8.8 厘米

簪首径 1.24 厘米

簪脚最大径 0.45 厘米

重 7.12 克

银簪

明代

通长 8.8 厘米

簪首高 1.08 厘米

簪脚最大径 0.37 厘米

重 7.21 克

银簪

明代

通长 9.2 厘米

簪首宽 1.25 厘米

簪脚最大径 0.34 厘米

重 10.36 克

银簪

明代

通长 9.19 厘米

簪首径 2.32 厘米

簪脚最大径 0.31 厘米

重 8.5 克

银簪

明代

长 4.7、宽 3.2、厚 0.15 厘米

重 6.48 克

银簪

明代

通长 10.01 厘米

簪首径 2.18 厘米

簪脚最大径 0.28 厘米

重 10.07 克

银簪

明代

通长 9.56 厘米

簪首宽 0.47 厘米

簪脚最大径 0.47 厘米

重 8.21 克

银簪

明代

通长 14.5 厘米

簪首宽 1.14 厘米

簪脚最大径 0.44 厘米

重 18.47 克

银簪

明代

通长 11.42 厘米

簪首最宽 0.48 厘米

簪脚最大径 0.48 厘米

重 20.32 克

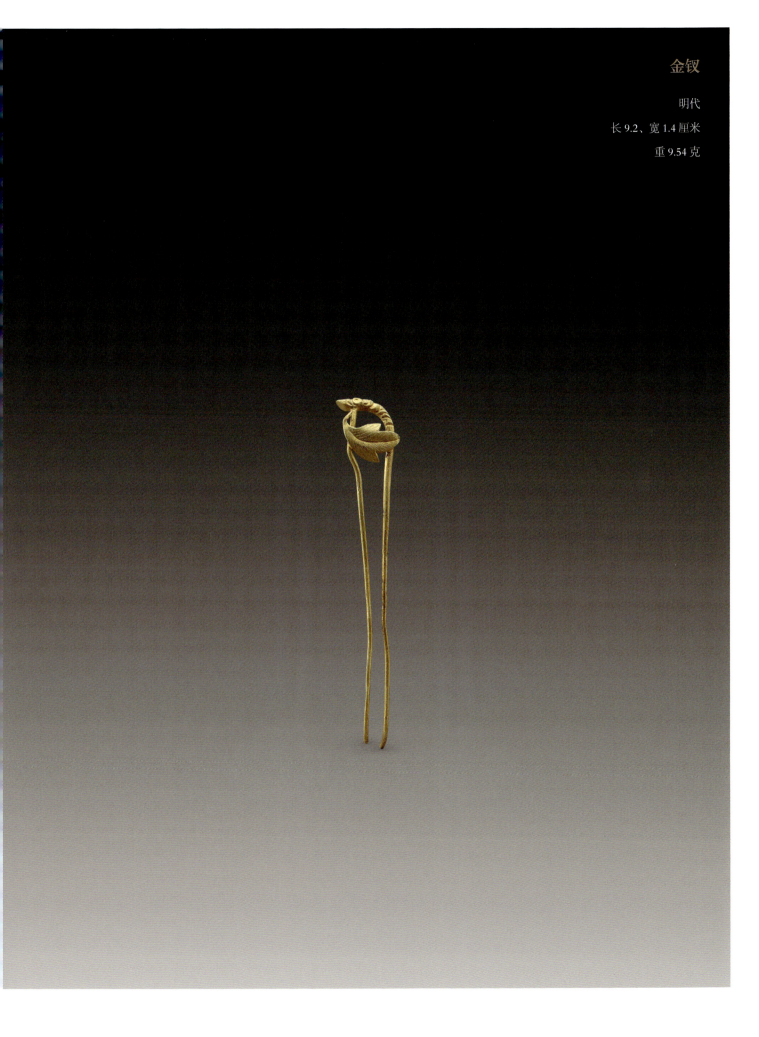

金钗

明代

长 9.2、宽 1.4 厘米

重 9.54 克

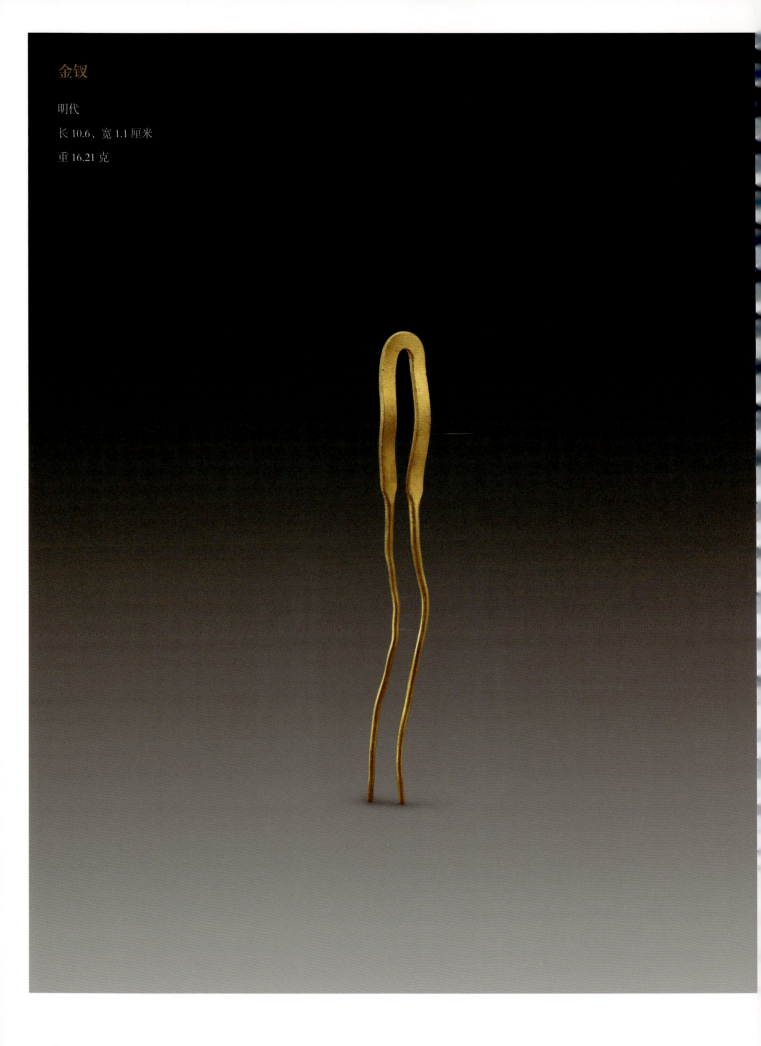

金钗

明代

长 10.6、宽 1.1 厘米

重 16.21 克

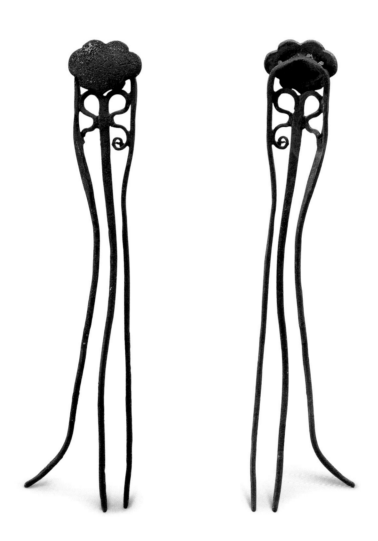

银钗

明代

长 8.5、宽 2 厘米

重 7.65 克

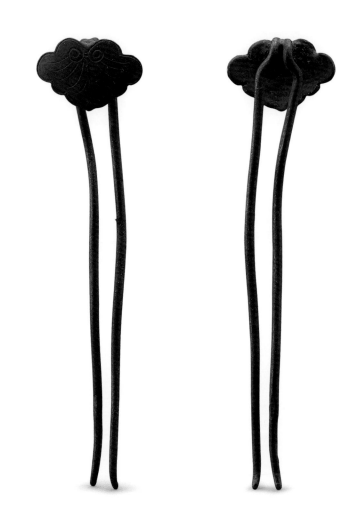

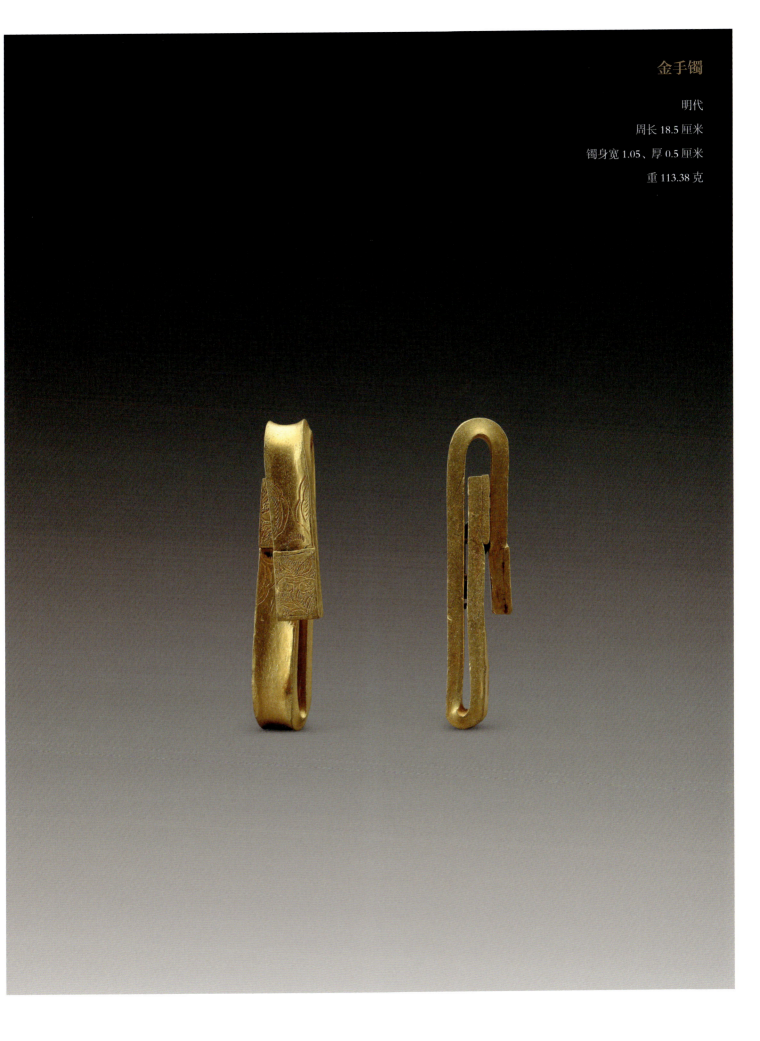

金手镯

明代

周长 18.5 厘米

镯身宽 1.05、厚 0.5 厘米

重 113.38 克

金手镯

明代

周长 17.45 厘米

镯身宽 0.98、厚 0.27 厘米

重 56.47 克

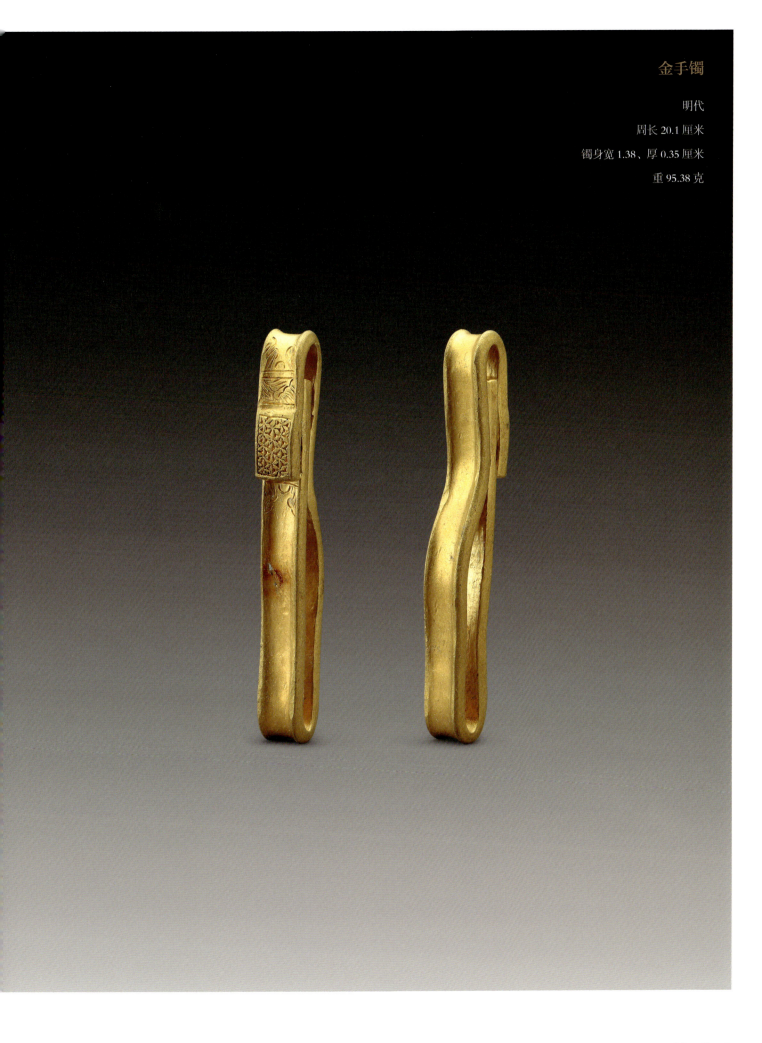

金手镯

明代

周长 18.6 厘米

镯身宽 1.21、厚 0.23 厘米

重 69.14 克

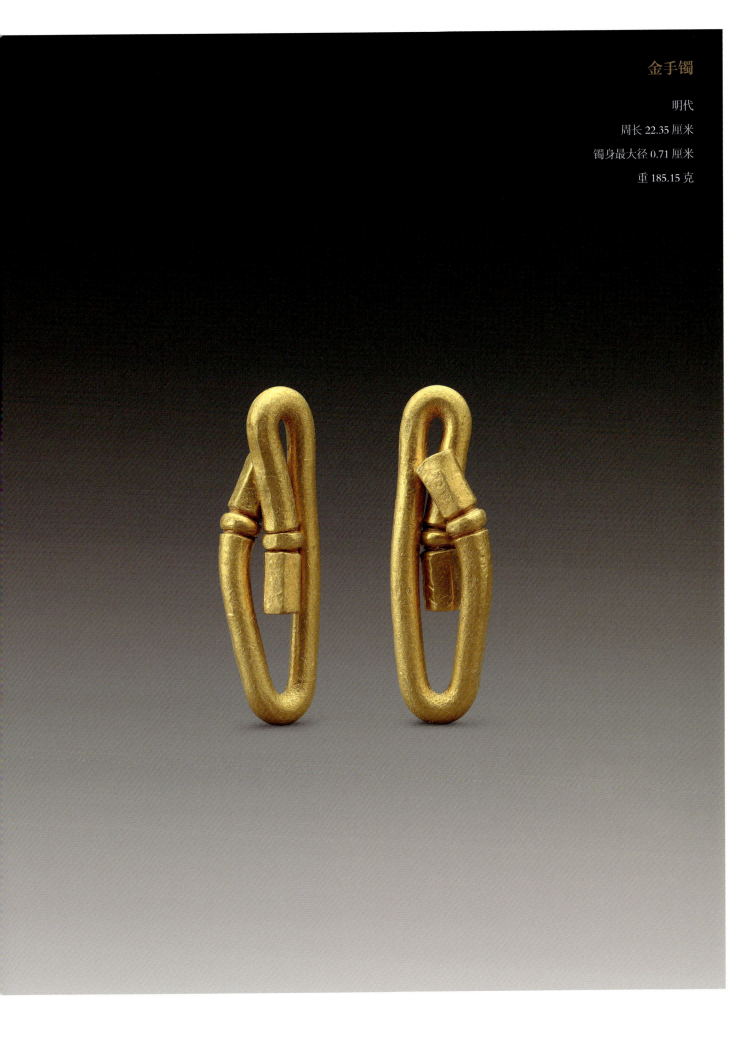

金手镯

明代

周长 18.52 厘米

镯身宽 1.28、厚 0.2 厘米

重 66.49 克

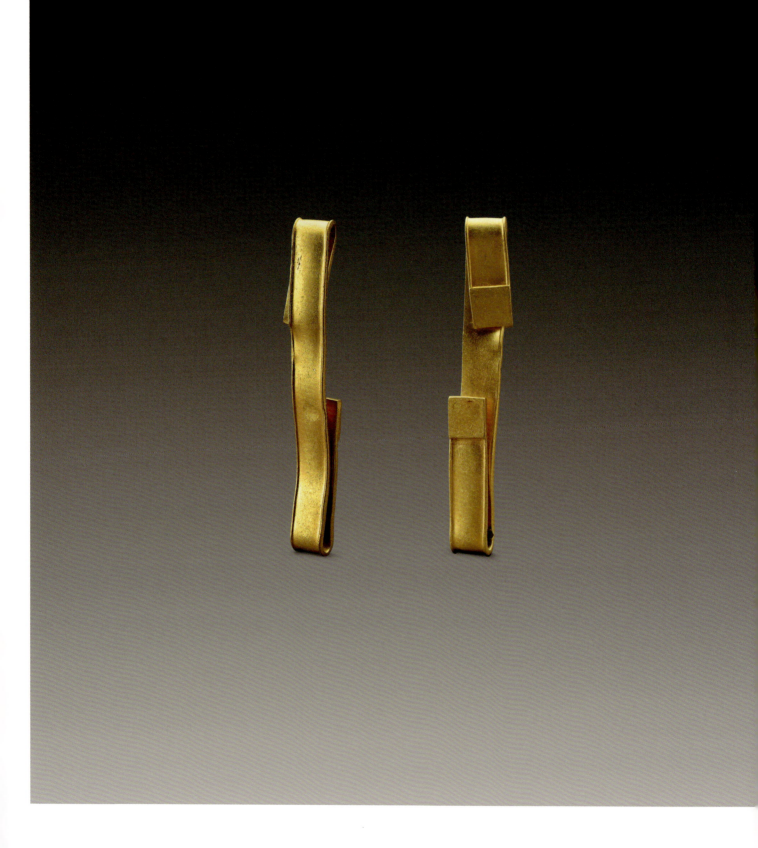

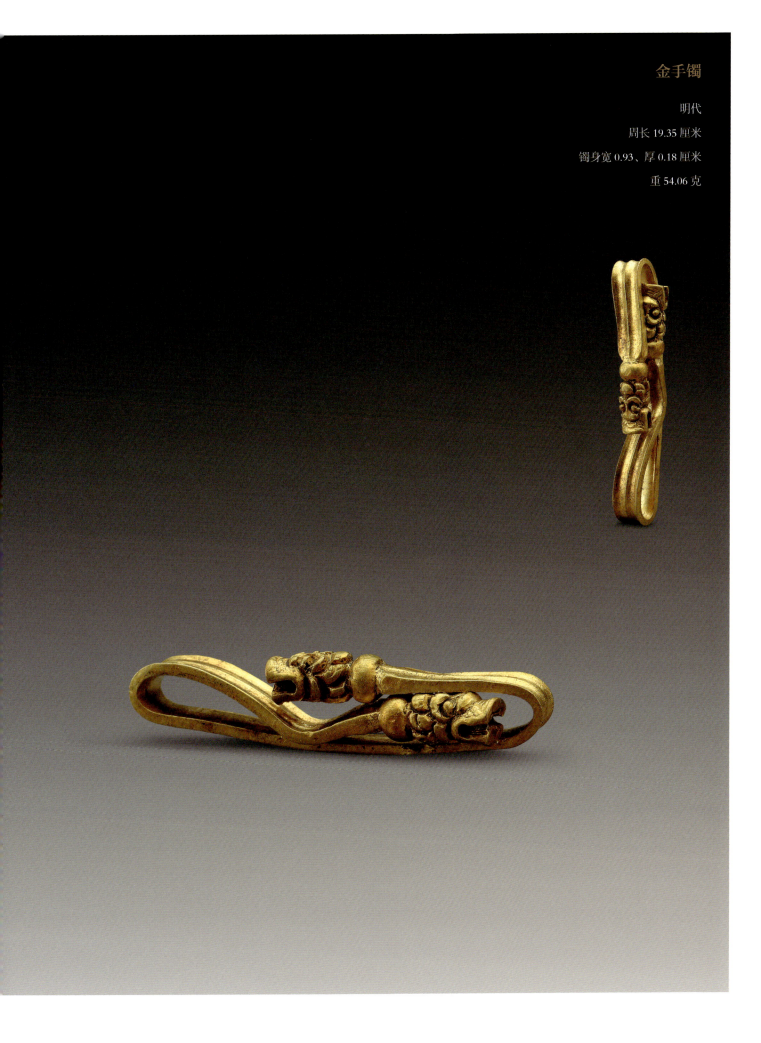

金手镯

明代

周长 13 厘米

镯身宽 0.92、厚 0.06 厘米

重 11.03 克

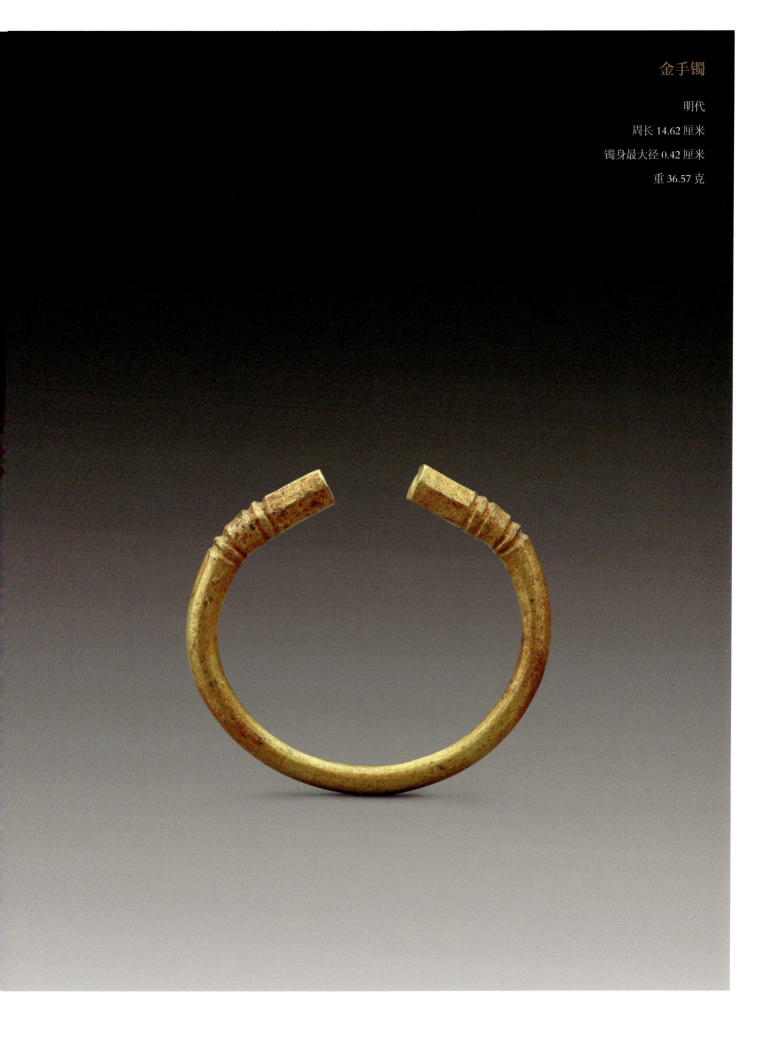

金手镯

明代

周长 21.1 厘米

镯身最大径 0.37 厘米

重 34.53 克

银手镯

明代

周长 20.8 厘米

镯身最大径 0.73 厘米

重 71.97 克

银手镯

明代
周长 12.1 厘米
镯身最大径 0.47 厘米
重 10.55 克

银手镯

明代

周长 18.5 厘米

镯身宽 1.08、厚 0.31 厘米

重 32.42 克

银手镯

明代

周长 22.2 厘米

镯身最大径 0.63 厘米

重 56.52 克

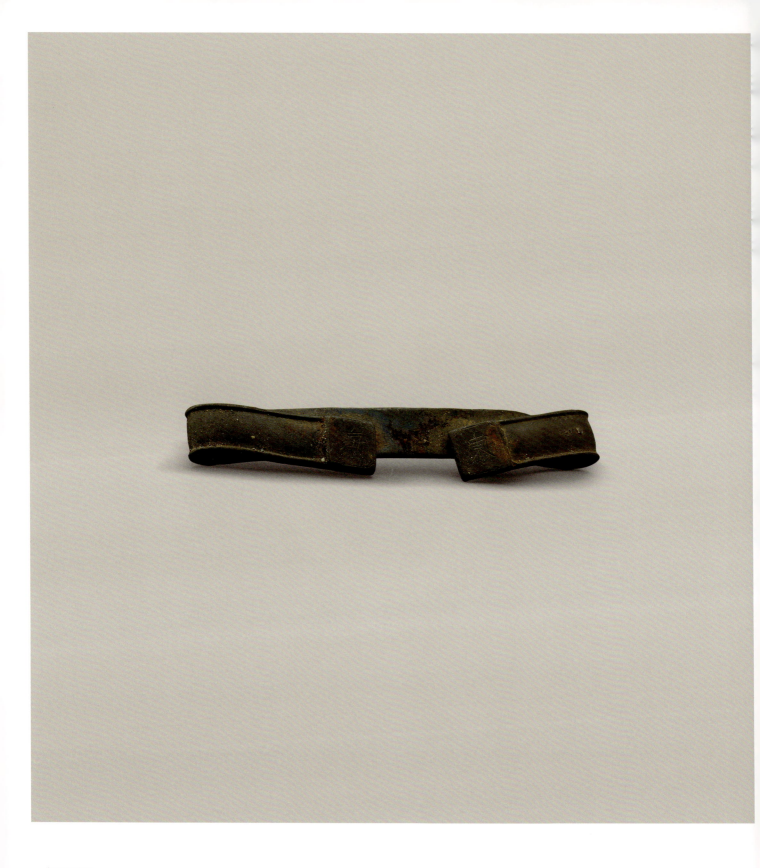

银手镯

明代

周长 18.9 厘米

镯身宽 1.14、厚 0.25 厘米

重 41.42 克

银手镯

明代

周长 23.1 厘米

镯身最大径 0.78 厘米

重 105.45 克

金扣

明代

通长 9.26、环径 2.06 厘米

重 45.42 克

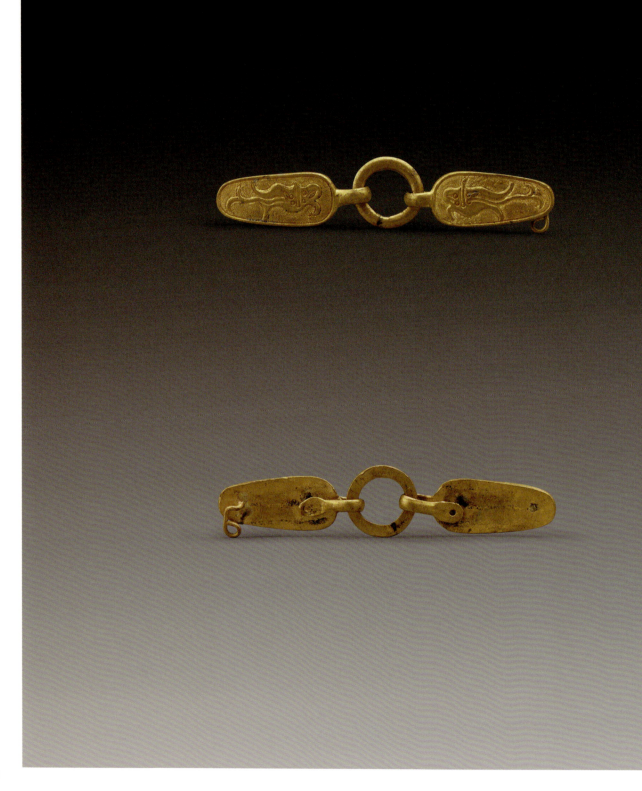

金扣

明代

通长 12.18、环径 2.21 厘米

重 46.52 克

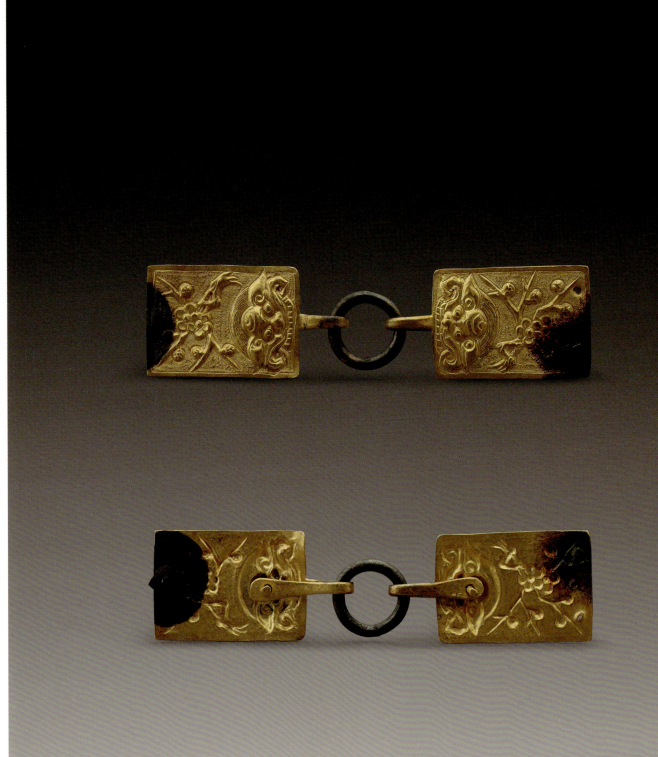

金扣

明代

通长 11.6、环径 2.01 厘米

重 47.72 克

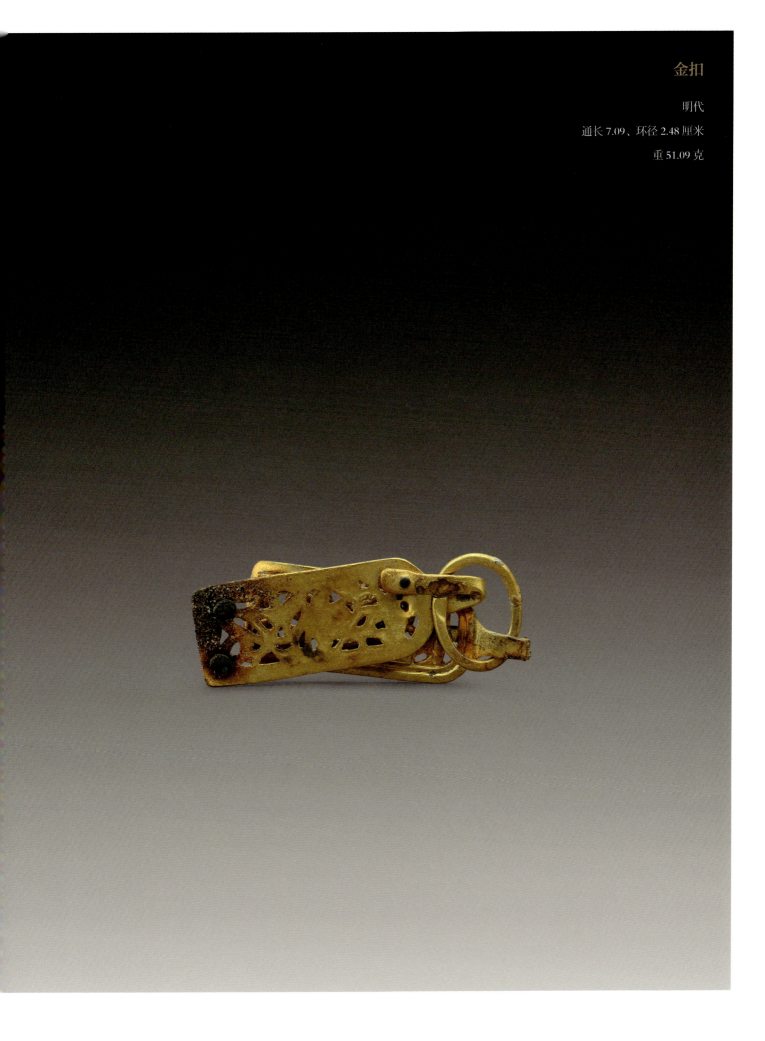

银纽扣

明代

长 2.28、宽 1.63、厚 0.44 厘米

重 2.26 克

银纽扣

明代

长 2.16、宽 1.36、厚 0.39 厘米

重 1.01 克

银纽扣

明代

长 2.7、宽 2.3、厚 0.21 厘米

重 2.97 克

银纽扣

明代

长 2.6、宽 1.6、厚 0.4 厘米

重 3.5 克

银纽扣

明代

长 1.9、宽 1.6、厚 0.4 厘米

重 1.3 克

银纽扣

明代

长 2.43、宽 1.55、厚 0.44 厘米

重 1.95 克

银纽扣

明代

长 3.9、宽 2.4、厚 0.27 厘米

重 5.21 克

银纽扣

明代

长 2.05、宽 1.51、厚 0.2 厘米

重 4.18 克

银纽扣

明代

长 2.31、宽 1.56、厚 0.18 厘米

重 3.32 克

银纽扣

明代

长 2.14、宽 1.48、厚 0.18 厘米

重 2 克

银纽扣

明代

长 2.5、宽 1.8、厚 0.13 厘米

重 2.2 克

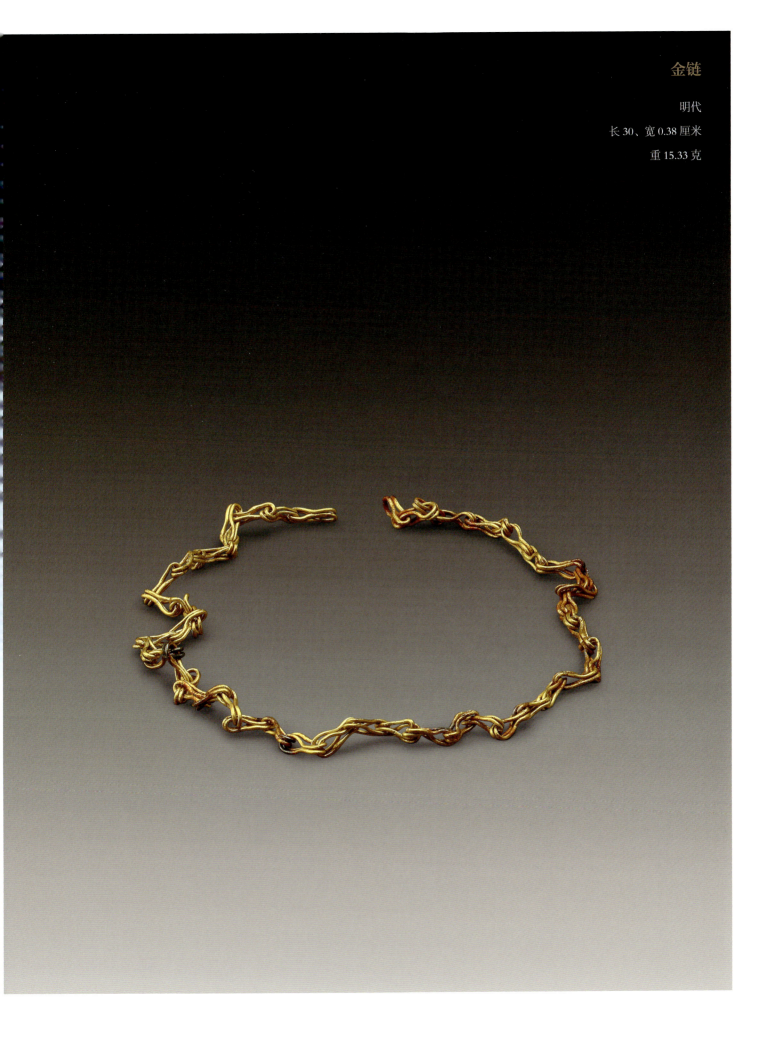

银链

明代

长 28.5、宽 0.6 厘米

重 8.53 克

金饰

明代

长 1、宽 0.67 厘米

重 1.08 克

银饰

明代

长 1.33、最宽 0.68 厘米

重 4.24 克

金帽顶

明代

长 6.67、宽 3.23、厚 0.99 厘米

重 34.77 克

金帽顶

明代

长 8.26、宽 3、厚 0.59 厘米

重 33.61 克

金帽顶

明代

长 9.28、宽 3.14、厚 0.62 厘米

重 46.64 克

金帽顶

明代

长 4.96、宽 2.95、厚 0.91 厘米

重 26.3 克

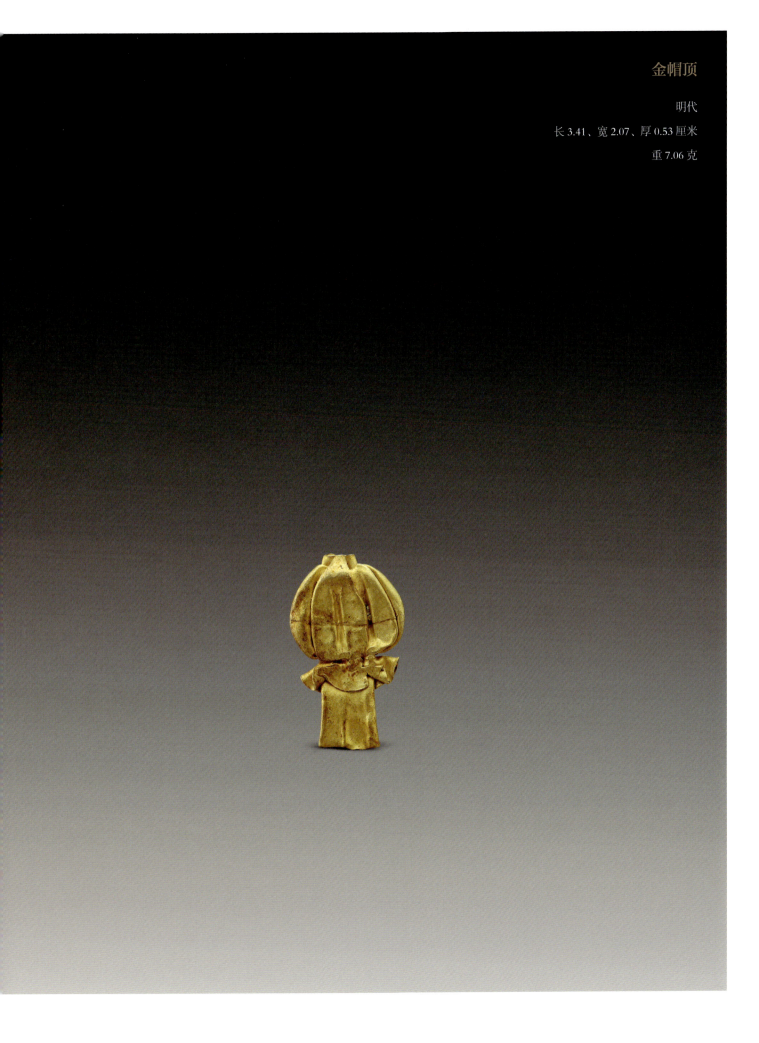

金帽顶

明代

长 3.41、宽 2.07、厚 0.53 厘米

重 7.06 克

金帽顶

明代

长 6.49、宽 6.29、厚 1.86 厘米

重 24.72 克

金锁

明代

锁长 2.4、宽 0.5、高 1.2 厘米

链长 6.74 厘米

重 6.14 克

金锁

明代

长 2.07、宽 0.83、高 1.67 厘米

重 12.48 克

银锁

明代

长 3.2、宽 2.3、厚 0.1 厘米

重 6.01 克

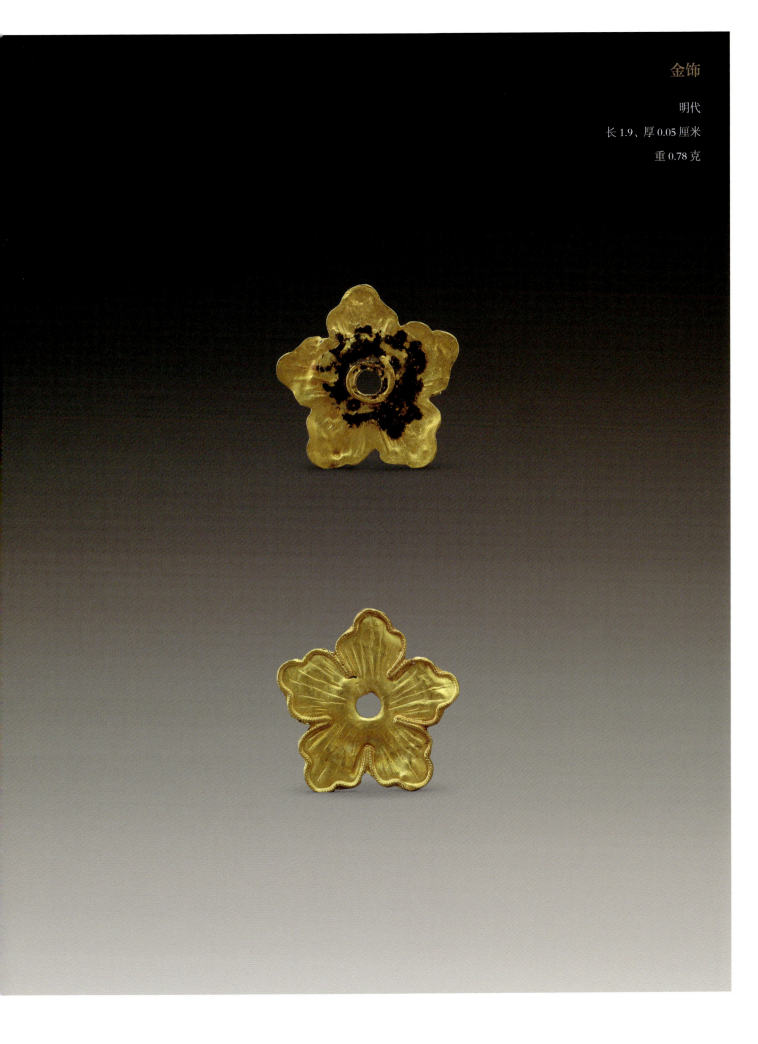

金饰

明代

长 1.9、厚 0.05 厘米

重 0.78 克

铜钱

大西

直径 2.61、孔径 0.62、厚 0.1 厘米

重 4.48 克

大西

直径 2.6、孔径 0.61、厚 0.1 厘米

重 4.8 克

铜钱

大西

直径 2.67、孔径 0.58、厚 0.13 厘米

重 4.39 克

直径

大西

直径 2.68、孔径 0.6、厚 0.13 厘米

重 4.87 克

铜钱

明代

直径 2.31、孔径 0.57、厚 0.31 厘米

重 2.94 克

铜钱

明代

直径 2.49、孔径 0.48、厚 0.12 厘米

重 3.65 克

明代

直径 2.32、孔径 0.55、厚 0.11 厘米

重 2.59 克

铜钱

明代

直径 2.49、孔径 0.57、厚 0.12 厘米

重 3.07 克

金币

大西

直径 5.04、孔径 0.98、厚 0.22 厘米

重 35.96 克

银币

大西

直径 5.04、孔径 0.98、厚 0.23 厘米

重 31.79 克

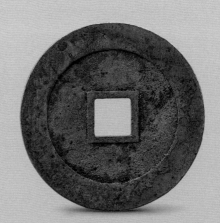

银币

大西

直径 5.03、孔径 0.98、厚 0.2 厘米

重 33.27 克

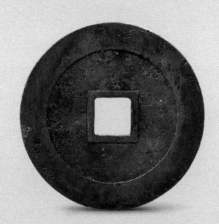

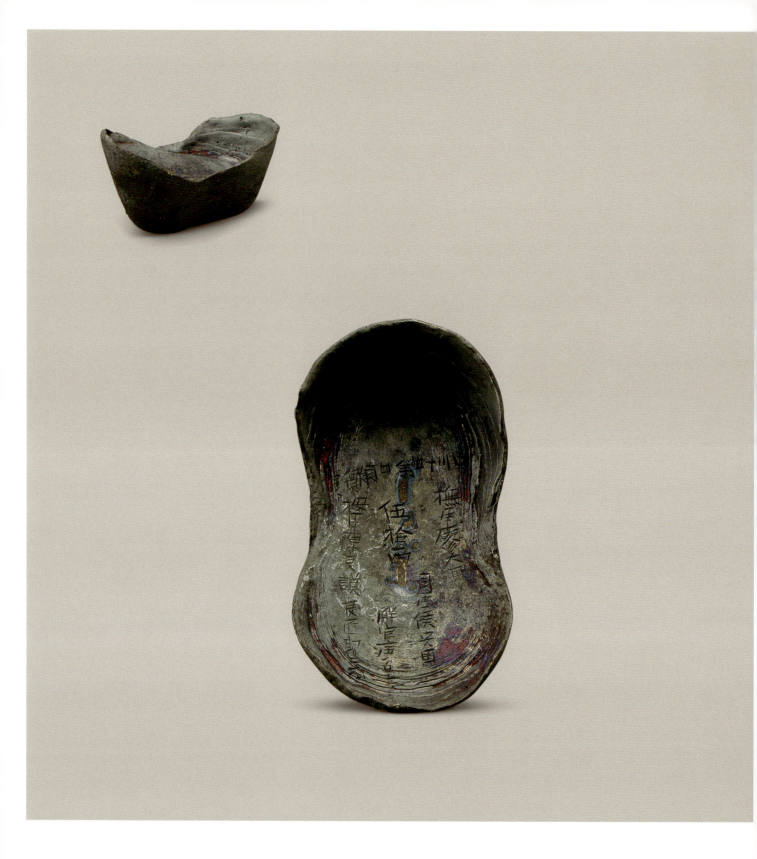

银锭

明代

长 12.55、束腰宽 6.22、高 5.99 厘米

重 1850 克

银锭

明代

长 13.5、束腰宽 6.95、高 7.96 厘米

重 1850 克

银锭

明代

长 15.1、束腰宽 6.48、高 7.5 厘米

重 1845 克

银锭

明代

长 15.32、束腰宽 7、高 7.24 厘米

重 1835 克

银锭

明代

长 12.72、束腰宽 6.25、高 7.67 厘米

重 1855 克

银锭

明代

长 12.39、束腰宽 6.86、高 6.3 厘米

重 1840 克

银锭

明代

长 13.2、束腰宽 6.92、高 7.5 厘米

重 1825 克

銀锭

明代

长 15.46、束腰宽 7.48、高 8.9 厘米

重 1800 克

银锭

明代

长 12.63、束腰宽 6.22、高 7.6 厘米

重 1805 克

银锭

明代

长 13.62、束腰宽 5.98、高 6.9 厘米

重 1405 克

银锭

明代

长 14.06、束腰宽 6.87、高 7.4 厘米

重 1855 克

银锭

明代

长 12.33、束腰宽 7.29、高 7.5 厘米

重 1845 克

银锭

明代

长 13.16、束腰宽 7.28、高 7.7 厘米

重 1580 克

银锭

明代

长 14.02、束腰宽 7.09、高 6.5 厘米

重 1860 克

银锭

大西
长 15.9、束腰宽 6.86、高 6.8 厘米
重 1875 克

银锭

明代

长 14.38、束腰宽 6.63、高 7.8 厘米

重 1910 克

銀锭

明代
长 14.11、束腰宽 7.26、高 9.2 厘米
重 1840 克

银锭

明代

长 10.99、束腰宽 5.82、高 6.3 厘米

重 1850 克

银锭

明代

长 3.74、束腰宽 1.29、高 0.9 厘米

重 24.84 克

银锭

明代

长 14、束腰宽 6.63、高 5.09 厘米

重 1850 克

银锭

明代

长 12.7、束腰宽 6.74、高 8.17 厘米

重 1855 克

银锭

明代

长 11.04、束腰宽 6.63、高 7.92 厘米

重 1855 克

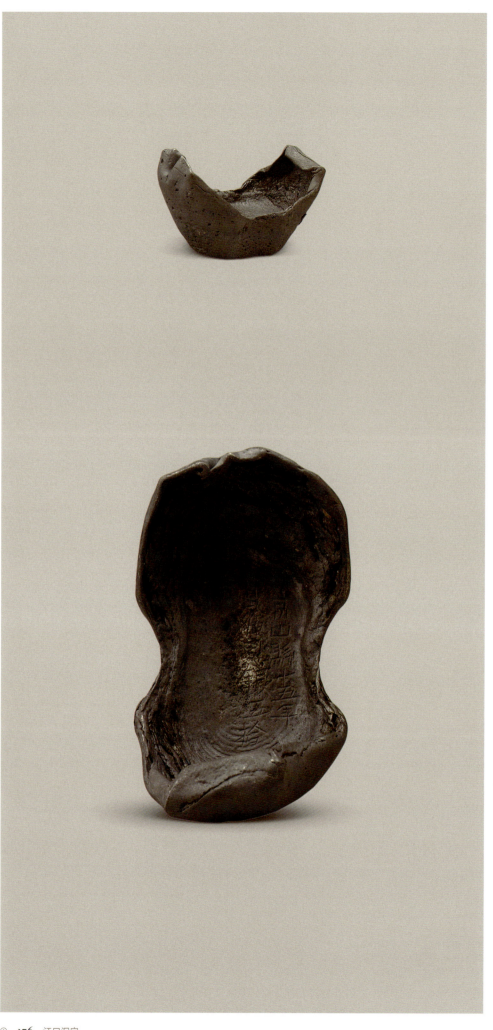

银锭

明代

长 12.72、束腰宽 5.92、高 7.82 厘米

重 1820 克

银锭

明代

长 13.6、束腰宽 6.93、高 5.28 厘米

重 1840 克

银锭

明代

长 12.54、束腰宽 6.89、高 6.75 厘米

重 1960 克

银锭

明代

长 13.4、束腰宽 7、高 6.17 厘米

重 1825 克

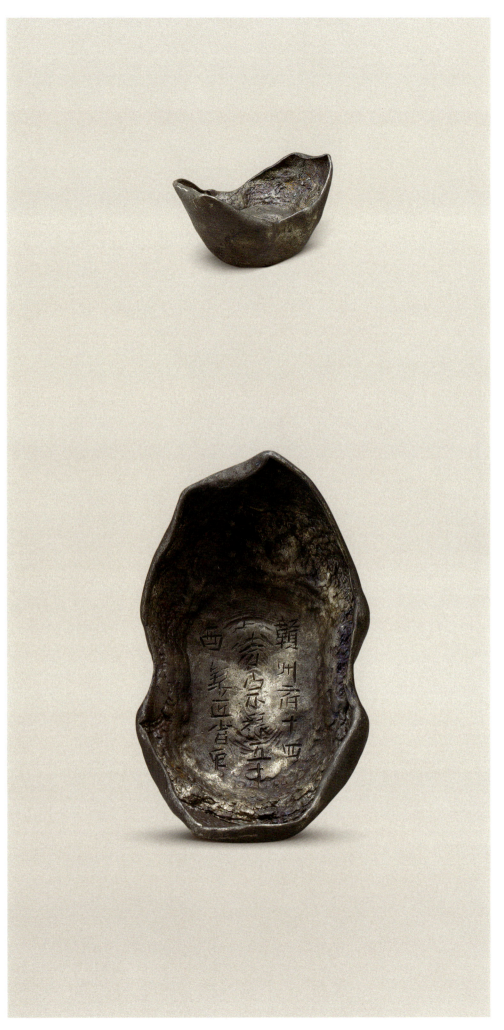

银锭

明代

长 12.63、束腰宽 6.83、高 6 厘米

重 1880 克

银锭

明代

长 13.89、束腰宽 6.5、高 7.83 厘米

重 1845 克

银锭

明代

长 14.4、束腰宽 7.28、高 7.02 厘米

重 1805 克

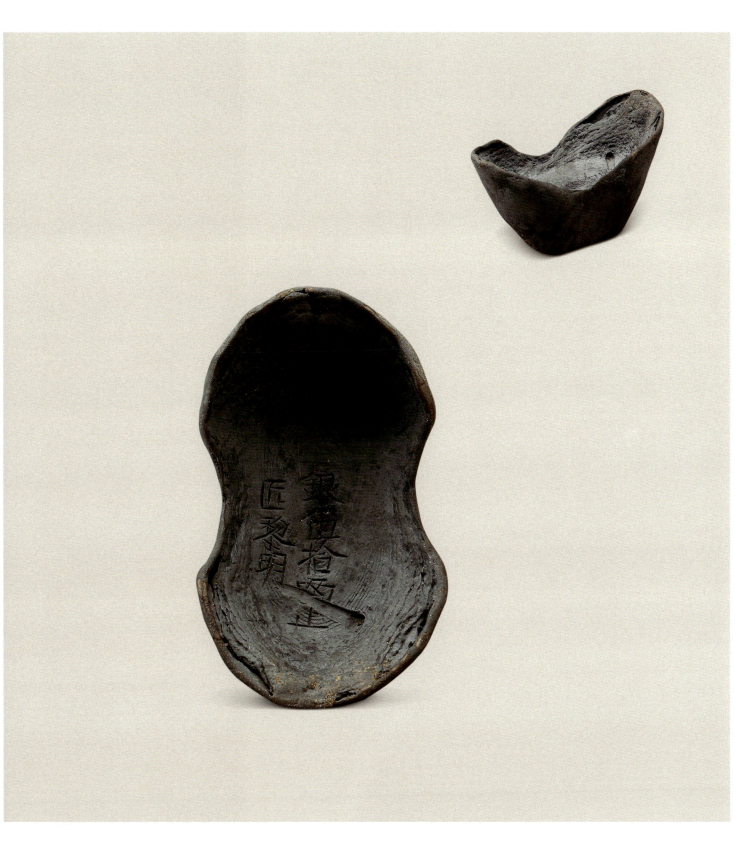

银锭

明代

长 12.23、束腰宽 6.04、高 7.2 厘米

重 1850 克

银锭

明代

长 13.19、束腰宽 6.2、高 8.1 厘米

重 1865 克

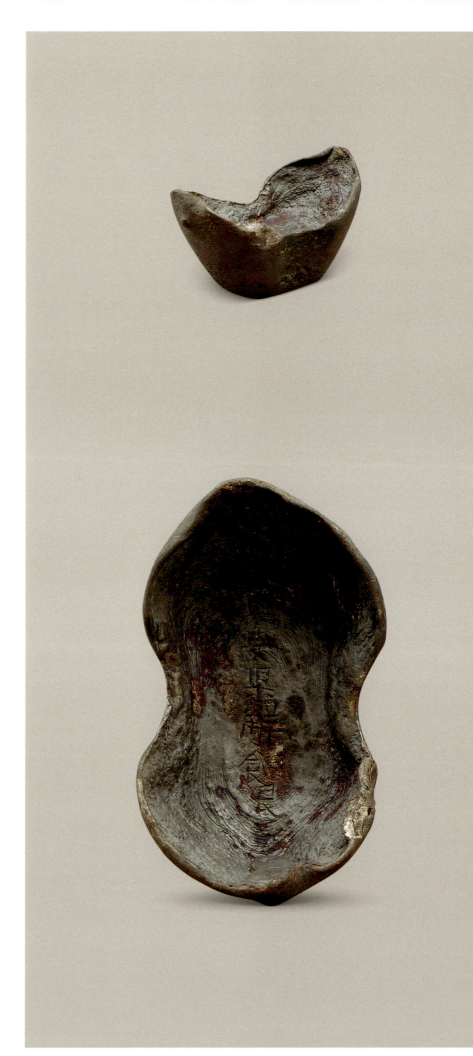

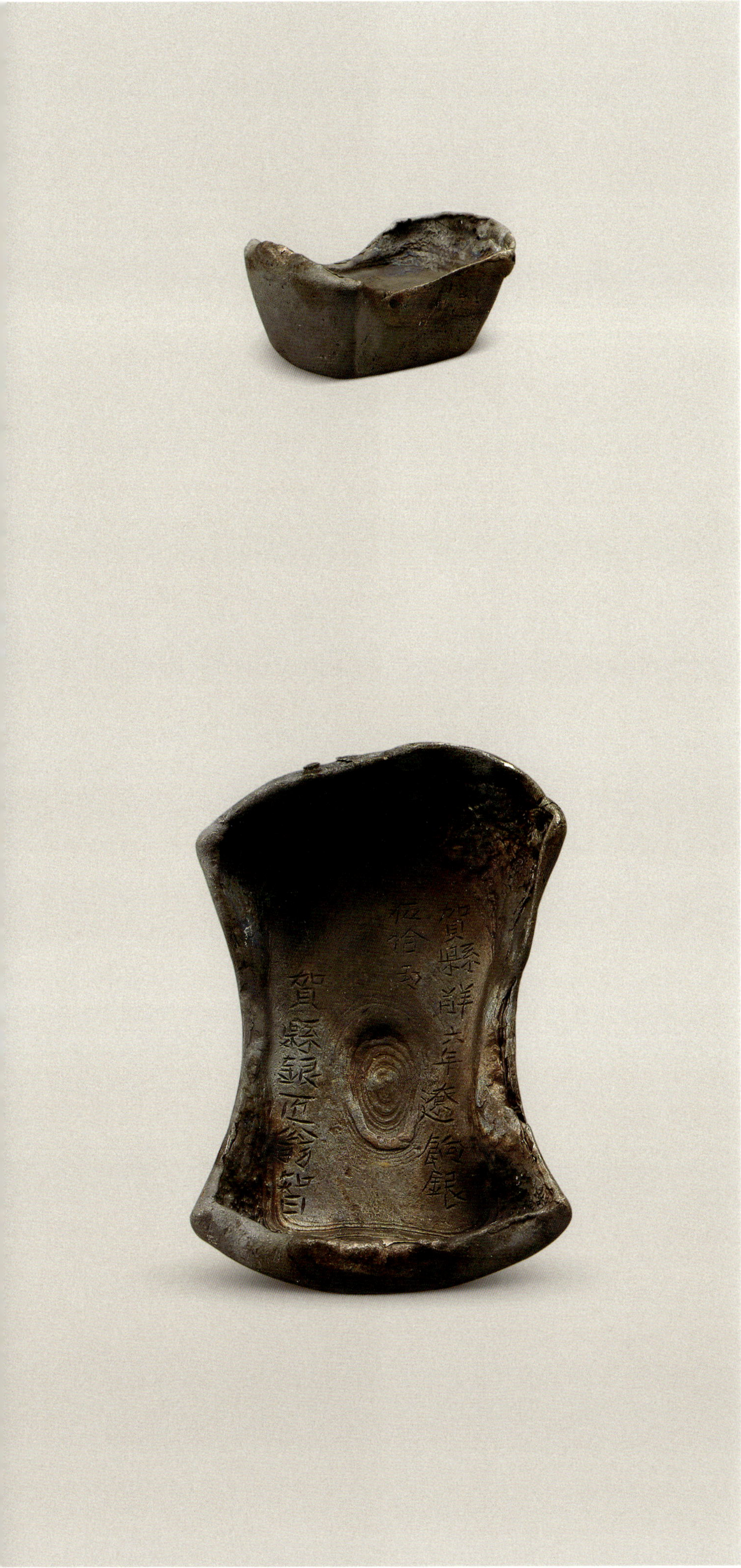

银锭

明代

长 11.3、束腰宽 5.58、高 5.6 厘米

重 1865 克

银锭

明代

长 14.8、束腰宽 6.34、高 6.27 厘米

重 1855 克

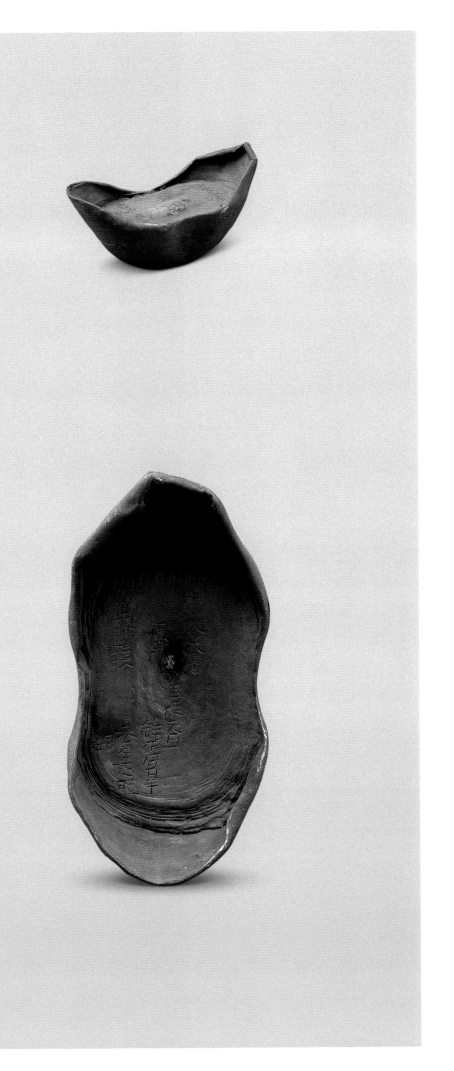

银锭

明代

长 13.9、束腰宽 8、高 6.5 厘米

重 1845 克

银锭

明代

长 11.12、束腰宽 5.89、高 5.9 厘米

重 1855 克

银锭

明代

长 11.63、束腰宽 5.62、高 6.1 厘米

重 1865 克

银锭

明代

长 12.6、束腰宽 6.27、高 6.4 厘米

重 1865 克

银锭

明代

长 13.9、束腰宽 6.4、高 8.5 厘米

重 1835 克

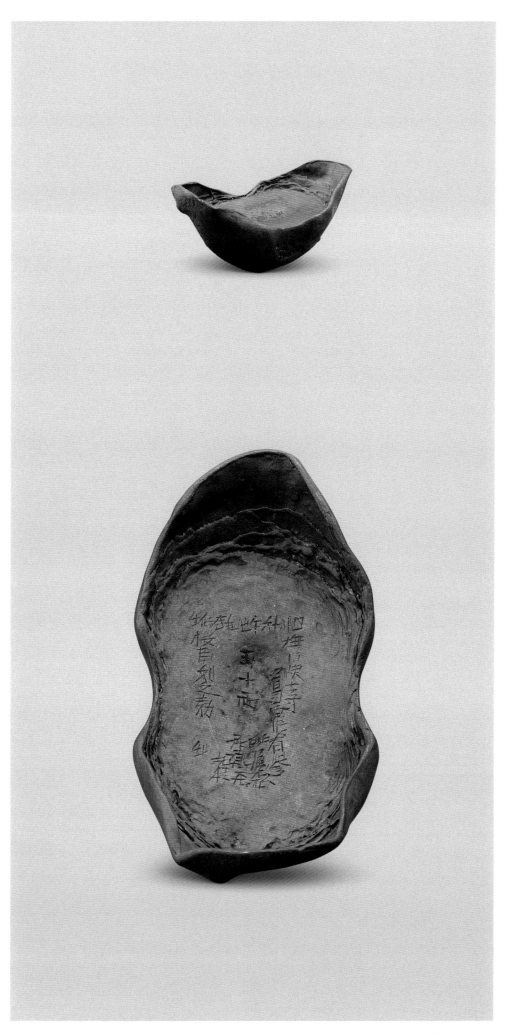

银锭

明代

长 11、束腰宽 5.62、高 5.5 厘米

重 1865 克

银锭

明代

长 14.4、束腰宽 6.16、高 5.3 厘米

重 1835 克

银锭

大西

长 13.83、束腰宽 6.01、高 6.17 厘米

重 1880 克

银锭

明代

长 13.36、束腰宽 5.9、高 6.12 厘米

重 1835 克

银锭

明代

长 13、束腰宽 7.8、高 2.19 厘米

重 1865 克

银锭

明代

长 11.6、束腰宽 6.93、高 3 厘米

重 875 克

银锭

明代

长 4.82、束腰宽 2.44、高 1.33 厘米

重 81.14 克

银锭

明代

长 4.78、宽 2.68、高 1.87 厘米

重 123.62 克

银锭

明代

长 4.67、宽 3.02、高 1.48 厘米

重 80.89 克

银锭

明代

长 10.25、宽 8.01、高 2.45 厘米

重 905 克

银板

明代

长 14.4、宽 10.4、厚 2.6 厘米

重 740.28 克

银板

明代

长 14、宽 11.6、厚 1.6 厘米

重 838.37 克

银饼

明代

长 5.1、宽 4.9、厚 0.4 厘米

重 64.77 克

银饼

明代

长 13.82、宽 13.7、厚 3.6 厘米

重 3730 克

银饼

明代

长 14.3、宽 13.7、厚 2.7 厘米

重 3760 克

银饼

明代

长 4.3、宽 3.68、厚 0.42 厘米

重 37.53 克

金锭

明代

长 5、束腰宽 2.57、高 2 厘米

重 187.01 克

金锭

明代

长 8、束腰宽 4.06、高 3 厘米

重 906.25 克

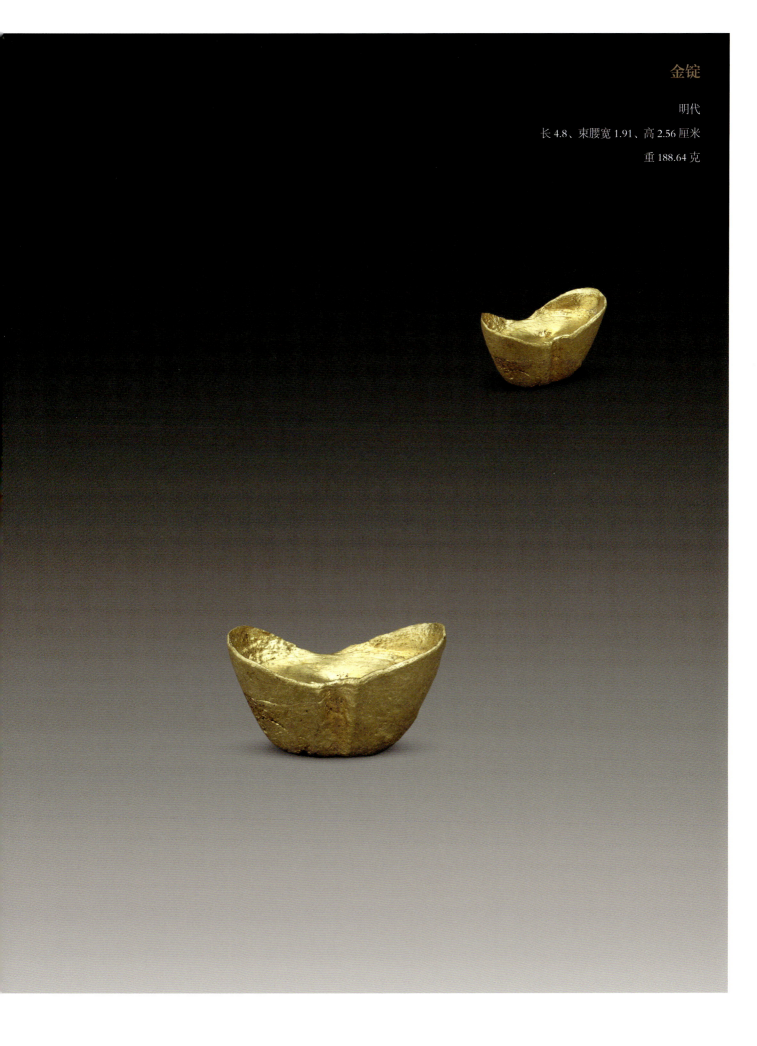

金锭

明代

长 4.8、束腰宽 1.91、高 2.56 厘米

重 188.64 克

金锭

明代

长 5.4、束腰宽 3.87、高 1.53 厘米

重 284.02 克

金锭

金锭

明代

长 8.47、束腰宽 3.36、高 2.54 厘米

重 252.17 克

金饼

明代

长 7.8、宽 10.87、厚 0.4 厘米

重 185.84 克

金饼

明代

长 8.31、宽 7.8、厚 1.22 厘米

重 452.23 克

金板

明代

长 12.2、宽 8.72、厚 1.42 厘米

重 1345 克

金条

明代

长 12.3、宽 1.17、厚 0.68 厘米

重 283.54 克

金条

明代

长 9.26、宽 1.64、厚 0.88 厘米

重 90.83 克

金条

明代

长 11.04、宽 1.07、厚 0.5 厘米

重 60.85 克

第四章

兵器

铜镞

明代

长 2.5、宽 0.83、厚 0.75 厘米

重 5 克

铜镞

明代

长 9.4、宽 1.04、厚 1.04 厘米

重 12.7 克

铜镞

明代

长 6、宽 0.91、厚 0.7 厘米

重 16.46 克

铁镞

明代

长 9.8、宽 1.7、厚 3 厘米

重 18.34 克

铁刀

明代

长 40、宽 3.5、厚 3.3 厘米

重 330 克

铁刀

明代

长 24、宽 2.5、厚 0.55 厘米

重 95 克

第五章

生活用器

铁秤砣

明代

长 5.28、宽 4.17、高 7.17 厘米

重 407.31 克

铁秤砣

明代

长 4.59、宽 4.23、高 7.25 厘米

重 308.81 克

银带扣

明代

长 8.56、宽 3.73、厚 0.65 厘米

重 35.41 克

银带扣

明代

长 4.98、宽 2.32、厚 0.68 厘米

重 19.15 克

银扣

明代

长 7.4、宽 1.9、厚 0.4 厘米

重 15.17 克

银带銙

明代

长 4.15、宽 2.64、厚 0.94 厘米

重 28.67 克

银带銙

明代

长 6.62、宽 3.03、厚 0.96 厘米

环径 2.98 厘米

重 40.49 克

银顶针

明代

环径 1.68、宽 0.62、厚 0.14 厘米

重 4.85 克

金碗

明代

长 6.92、宽 4.63、厚 1.54 厘米

重 64.87 克

金碗

明代

长 8.88、宽 3.97、厚 1.13 厘米

重 85.88 克

银碗

明代

长 11、宽 5.5、厚 5.2 厘米

重 99.27 克

银碗

明代

长 7.2、宽 1.3、厚 4.1 厘米

重 55.65 克

银镜

明代

直径 8.35、厚 0.79 厘米

纽径 1.64、高 0.35 厘米

重 219.22 克

铜镜

明代

直径 7.92、厚 0.8 厘米

纽径 1.73、高 0.49 厘米

重 123.07 克

铜镜

明代

长 7.41、宽 7.36、厚 0.78 厘米

纽径 1.55、高 0.42 厘米

重 158.71 克

铜镜

明代

直径 6.97、厚 0.82 厘米

纽径 1.79、高 0.53 厘米

重 88.88 克

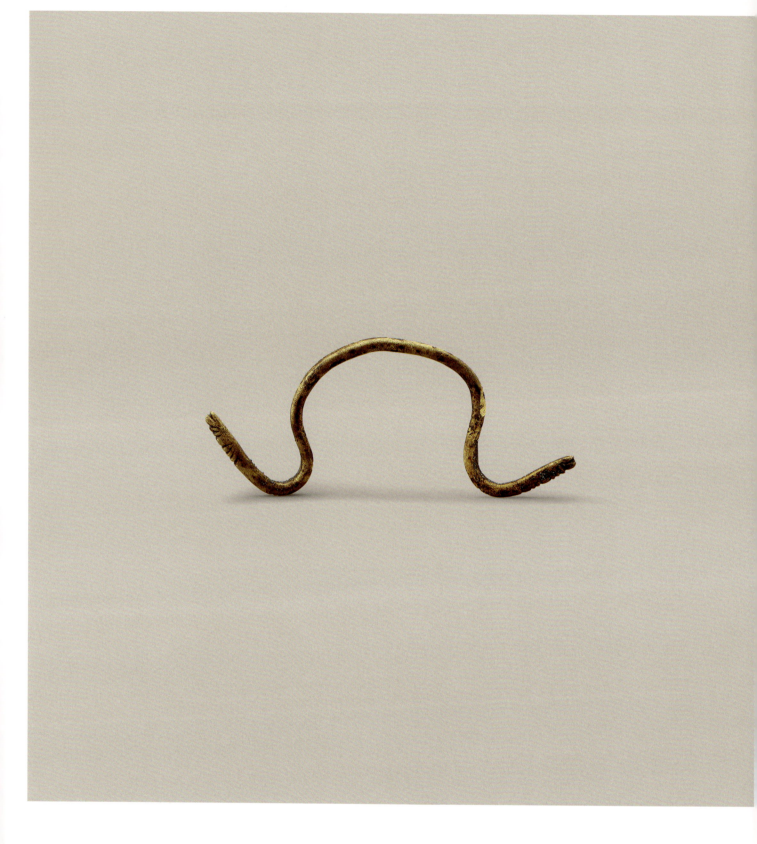

铜把手

明代

长 11.73、宽 5.67 厘米

重 30.52 克

银烟斗

明代

长 9.17厘米

重 10.86 克

金烟斗

明代

长 5.55厘米

重 8.82 克

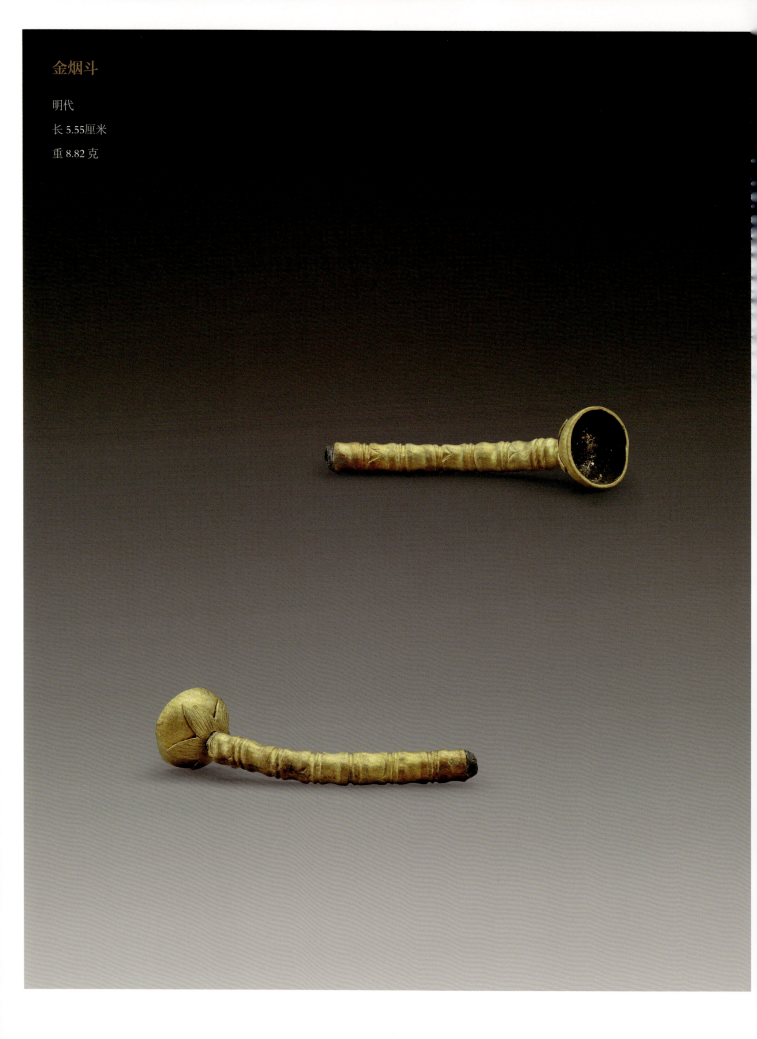

铜锁

明代

长 8.76、宽 1.18、高 3.58 厘米

重 106.69 克

银锁

明代

长 7.84、宽 1.42、高 3.13 厘米

重 82.44 克

银钥匙

明代

通长 15.3、柄宽 1.28、厚 0.28 厘米

重 54.55 克

篙杆

明代
长 27、宽 6.7 厘米
重 849.66 克

篙杆

明代

长 34、宽 13 厘米

重 1220 克

后 记

~~~~~

在国家文物局、四川省委宣传部、四川省文化厅、四川省文物局、眉山市委市政府等单位的关心和指导下，四川彭山江口明末战场遗址 2017 年的发掘工作得以科学有序地开展，并克服了重重困难，取得了令人满意的成果。

江口明末战场遗址是四川省历史上第一次进行水下考古发掘，在发掘前和发掘过程中我们邀请了国内外各个方面的专家召开了多次研讨会和论证会。2015 年 12 月，四川省文物考古研究院在彭山组织召开"江口沉银遗址保护与考古研讨会"，经国内专家论证，该遗址极有可能为文献中记载的张献忠船队被伏击的地点，这极大地提高了我们发掘的信心；发掘过程中亦组织了"江口沉银遗址历史学者座谈会""张献忠沉银博物馆建设研讨会""江口沉银遗址保护与展示利用学术研讨会"，并且邀请众多国内外的考古专家到遗址现场指导，应该说没有这些专家的出谋划策，就没有遗址的顺利发掘。

江口沉银是中国历史上非常重要的一次历史事件，本次考古发掘也引起了国内外民众的广泛关注。因 2017 年发掘出水文物达到 3 万件之多，相关的保护、整理和研究工作的推进都需要大量时间。但为了尽早让公众分享本次的发掘成果，及时为学界提供第一手的研究资料，我们从 2017 年发掘的以及彭山区文物保护管理所收藏的文物中精心选出了 200 余件。在本次公布文物的选择过程中，我们综合考量了普遍性、典型性和学术性的原则。首先，选取的文物涵盖了出水文物的绝大多数类型，能使读者对出水文物有相对全面地了解；选取的文物也是出水各类器物中相对典型的，能够客观反映器物本身的地域和时代特征；同时我们也兼顾了学术性的特点，每一件器物都进行了精细的测量，便于学者们进行研究。

本书文物摄影工作主要由江聪、鲁海子完成；资料的编辑、制作由江口沉银水下考古工作站的刘志岩、李飞、黄琳、李会、周羿扬、李瑞佳以及部分考古志愿者等共同完成，国家文物局水下文化遗产保护中心和彭山区文物保护管理所的部分同志在编写过程中也给了极大的帮助，在此一并表示感谢。

<div align="right">

编者

2018 年 2 月

</div>